PLAIDOIER

DU

COMTE DE LALLY-TOLENDAL

POUR

LOUIS XVI.

AGESISTRATE se jetta sur le corps de son fils, et le baisant tendrement, elle lui dit : « O mon roi ! o mon fils ! c'est l'excès de ta douceur et de « ta bonté, c'est trop de ménagemens et trop de clémence qui t'a perdu, « et qui nous a perdues avec toi. »

PLUTARQUE, *vie d'Agis.*

LONDRES:

ET SE VEND CHEZ ELMSLY, LIBRAIRE, STRAND; CHEZ OWEN, LIBRAIRE, PICCADILLY; ET CHEZ DE BOFFE, LIBRAIRE, GERRARD-STREET.

1792.

J'AI conſervé juſqu'au 21 Décembre l'eſpoir d'être admis parmi les conſeils qui ſeraient appellés à l'honneur de défendre Louis XVI. Dès le 5 Novembre, j'avais adreſſé à la Convention Nationale une lettre, ſur laquelle on était paſſé à l'ordre du jour. Auſſi-tôt que j'ai ſu que le vertueux Mr. de Maleſherbes avait couronné par ſon pieux dévouement ſa glorieuſe carrière, et qu'il s'était trouvé un homme qui avait oſé refuſer de s'aſſocier à ſes nobles efforts, j'ai écrit de nouveau et à la Convention Nationale, et à la perſonne que j'ai crue le mieux placée pour préſenter à l'infortuné Louis XVI. mes offres reſpectueuſes. Le choix était fait : Mr. de Maleſherbes avait, dans Mr. de Sèze, un organe digne de lui. Cependant mon plaidoier était prêt, j'avais contracté l'engagement de l'envoier à la Convention Nationale, ſi je ne pouvais le lui faire entendre, et c'était toujours un témoignage de plus en faveur de l'innocence et de la vérité. Sur les quatre parties qui le compoſent, deux étaient invariables, et livrées à l'impreſſion dès le commencement de Décembre. Il faudra ſe rappeller quelquefois, en les liſant, que je devais les proférer à la barre de la Convention.

CITOIENS,

Au milieu des diſſenſions civiles qui déchiraient la République Romaine, affaiſſée ſous ſon propre poids; lorſque ſon ſénat changeait de parti, auſſi ſouvent que la victoire changeait de drapeaux; lorſque le vainqueur, ſortant du champ de bataille, s'établiſſait juge ſur la place publique, et frappait du Glaive judiciaire tous ceux que n'avait pas moiſſonnés le fer du ſoldat, un des chefs du parti vaincu à Pharſale, était dévoué à un de ces meurtres juridiques, ſans doute les plus atroces de tous. Son nom était LIGARIUS, et ſon ennemi était CESAR. Ni Céſar dans ſa toute puiſſance, ni ſes prétendus Collegues dans leur aſſerviſſement et dans leur terreur, n'avaient cru qu'il fût poſſible de condamner ſans entendre. Mais ce ſimulachre de Plaidoirie n'était qu'un vain ſpectacle donné à la curioſité, ou une forme hypocrite arrachée par un reſte de pudeur. La mort de Ligarius était arrêtée avant que ſon procès commençât. *Ne donnons pas à Cicéron le chagrin de ne pas entendre ſa harangue*, diſait Céſar avec une complaiſance dédaigneuſe;

et

et l'arrêt de Ligarius à la main, il montait fur le tribunal d'où il allait entendre plaider la caufe de Ligarius.

Cependant après la haine et la vengeance, la vérité, l'humanité parlèrent à leur tour. Elles firent bientôt fentir que l'on ne parvient pas aifément à les braver, dès que l'on a confenti à les entendre. Les Satellites du Tyran s'entre-regardaient, les uns entrainés par leur confcience, les autres étonnés de s'en retrouver une. Un frémiffement favorable de la multitude encourageait leur difpofition fecrette. Tous les yeux étaient tournés vers Céfar, tous le follicitaient d'être jufte, feul il luttait contre tous: L'inftant vient où il ne lui eft plus poffible de lutter contre fon propre cœur; lui-même il fent qu'il s'intéreffe au fort de fa victime, il héfite, il s'abandonne, et fixant un œil humide fur celui qui la lui arrachait, *tu as vaincu*, s'écrie-t-il, et l'arrêt tombe des mains de Céfar, et Ligarius eft fauvé.

Citoiens, pourquoi faut-il qu'en entrant dans cette enceinte, la première idée qui ait frappé mon efprit, ait été le fouvenir de cette époque des annales Romaines? Quelles font donc les diffenfions qui ont déchiré la France? Quel combats y ont été livrés? Quel vainqueur ai-je à fléchir? Quel vaîncu ai-je à defendre?

Quel vaîncu? - - - - - Je crains de me l'avouer à moi-même. J'ofe à-peine fixer la caufe pour

pour laquelle je ſuis prêt à m'immoler. C'eſt à un Peuple et non à un Individu que je dois parler ; c'eſt pour un ſeul homme que je plaide au tribunal d'un peuple entier ; et cependant tous les princes de la terre ſont inquiets, toutes les nations de l'univers ſont attentives. Les générations futures ſe lèvent devant moi, et veulent ſavoir quel ſort les attend. Les générations paſſées, tous les Français qui ont exiſté pendant quatorze cents ans, tous les hommes qui ont exiſté pendant quatre mille, ſortent de leurs tombeaux pour m'environner, et me demandent quelle mémoire va reſter d'eux déſormais parmi les humains? s'il eſt donc vrai qu'ils ayent tous été livrés à l'ignorance, à l'aviliſſement et au crime ? S'il eſt vrai que la terre n'ait porté juſqu'à ce jour que des tyrans et des eſclaves, des ſcélérats et des inſenſés ? Du milieu de cette foule, je vois ſortir et paſſer en revue ſous mes yeux, les images de ſoixante et cinq Rois. Quelques uns fuient rapidement mes regards, mais le plus grand nombre s'arrête avec confiance, ils me montrent inſcrits ſur leurs diadêmes, les ſurnoms de *ſaint*, d'*auguſte*, de *pieux*, de *grand*, de *juſte*; j'en vois un qui eſt appellé *grand et bon*, comme les Romains appellaient l'Etre ſuprême ; un autre ſur le front duquel eſt écrit : *Père du peuple* ; ils me ſemblent atteſter le ciel, exhorter mon courage, et ſe ranger à mes cotés. Tant d'importance eſt attachée

tachée à la décision d'une seule question, et c'est le jugement d'un seul homme qui a imprimé ce mouvement à la nature entière !

Quel est-il donc cet Etre, que tant de malheurs, tant de volontés, tant de forces n'ont pas pu dépouiller de l'intéret attaché à sa personne par la nécessité ? C'est le descendant direct, et l'héritier légitime de ces soixante cinq Rois, qui avait recueilli le fruit de leurs triomphes, de leurs loix et de leurs bienfaits. C'est celui que les droits du sang, la tradition de quatorze siècles, et le consentement unanime des Français avaient revêtu de cette magistrature suprême appellée *Roiauté:* Celui dont le nom avait toujours été tellement confondu avec la loi, que même quand il n'en a plus été le créateur, il en est demeuré le dépositaire et l'organe ; dont l'existence était tellement liée à la Souveraineté, que même quand il ne l'a plus possédée, il l'a seul représentée toute entière. C'est un effort de ma raison que de ne pas me reprocher une espèce de sacrilége, quand j'ose appeller mon Client celui que j'ai si longtems appellé mon Roi. Il s'agit de protéger, de sauver celui auprès duquel j'ai cherché toute ma vie salut et protection ! mon cœur aura fini de le défendre, que ma pensée ne sera point encore accoutumée à l'idée qu'il ait eu besoin d'être défendu.

Ah !

AH! ſi c'eſt un miracle qu'il faut opérer, ſi ce Roi que vous avez joui ſi longtemps d'aimer, quand Il était tout puiſſant, vous vous êtes condamnés à le haïr ſans retour, quand il eſt malheureux ; ſi ce Roi, dont vous avez tous exalté la probité, tant qu'il a été maître de lui et des autres, vous êtes réſolus de lui faire un crime de toutes ſes actions depuis qu'il n'a plus eu ni liberté, ni ſujets ; ſi l'arrêt eſt porté, ſi pour vous l'arracher il faut une *victoire*, et pour cette victoire un prodige, liez mon ſort au ſien, ſi vous le voulez, mais n'ajoutez pas à une condamnation anticipée la dériſion barbare d'une défenſe inutile ; ordonnez que je me retire. Que celui qui ſe ſent aſſez fort pour remporter un tel triomphe, ſe préſente à ma place. Quant à moi je n'ai pas la témérité d'y prétendre, et j'ai rangé au contraire parmi les motifs de ma confiance et de mon eſpoir que j'étais bien plus fort de ma cauſe, que ma cauſe n'était forte de moi.

MAIS ſi, comme j'ai beſoin de le croire, vous voulez la juſtice et cherchez la vérité ; ſi vous avez ſenti qu'à l'inſtant même où vous vous faiſiez juges, vous ceſſiez d'être ennemis ; ſi vous avez écouté le conſeil ſalutaire qui vous a été donné par un de vos membres, *d'oſer être juſtes pour montrer que vous étiez libres*, et d'imprimer à votre puiſſance ce caractère de paix et d'équité, qui ſeul diſtingue la puiſſance légitime de la puiſſance

puiſſance uſurpée, alors ce qui était fait pour exciter mon découragement, va doubler mes forces. Dans une telle diſpoſition d'eſprits, j'eſpérerais *vaincre*, s'il était néceſſaire; j'eſpérerai bien d'avantage: j'eſpérerai n'avoir pas même à combattre. Céſar—Tyran et ſes Satellites, ſans-doute il fallait les *vaincre;* mais un peuple libre et ſes repréſentans, il ne faut que les avertir, ou le titre qu'ils ſe donnent ſerait un titre uſurpé.

Citoiens, vous le dirai-je? Je vous parle avec confiance, uniquement parceque je vous parle. Certes quand vous avez voulu m'entendre, c'eſt que vous avez voulu entendre la vérité. Il n'eſt pas juſqu'à l'oppoſition qui exiſte entre vos principes de gouvernement et les miens, qui ne nous rapproche dans cet inſtant, qui ne devienne pour vous un gage honorable d'impartialité, et pour moi une ſource précieuſe d'encouragemens. A Dieu ne plaiſe que je preſume de vous entretenir d'opinions politiques. Tout me fait un devoir de les écarter. Mais enfin, mes opinions politiques ont été connues, elles n'ont point varié, elles ne varieront jamais. Ainſi je vous rends un hommage par cela ſeul que je vous parle, et vous avez vaincu un préjugé par cela ſeul que vous m'écoutez. Vous les vaincrez tous: j'en conçois l'heureux preſſentiment.

Citoiens, on vous a dit ſouvent que l'Europe vous regardait; c'eſt maintenant qu'il faut vous le le répéter ſans ceſſe. Le paſſé n'eſt plus - - - - le préſent vous appartient, l'avenir en dépend. Maintenant qu'un nouvel ordre de choſes s'eſt produit, il ne s'agit plus de calomnier ce qui a été; il s'agit de tâcher d'honorer ce qui eſt; et parmi les innombrables incertitudes qu'il faut abandonner au temps, une choſe eſt certaine, c'eſt qu'aujourdhui vous ne pouvez ni être juſtes ſans un grand profit, ni être injuſtes ſans un grand danger.

Sans doute, pour premier acte de cette juſtice, vous entendrez ſans interruption la défenſe entière dont vous m'avez permis d'être l'organe; car vous ſentirez que ſi c'eût été un grand ſcandale de ne vouloir pas m'admettre, c'en ferait un plus grand de ne vouloir pas m'écouter.

Pour premier acte de cette juſtice vous entendrez ſans impatience les vérités déchirantes, même les vérités ſévères qu'il faut que je révèle à tout ce que renferme cette enceinte, et qui de cette enceinte doivent ſe répandre dans toute la France; car ces vérités tiennent à ma cauſe, elles ſont ignorées, il faut qu'on les ſache; je ne ſuis ici que pour les dire, et vous n'y êtes que pour les écouter.

Pour premier acte de cette juſtice vous entendrez ſans murmure les expreſſions du profond reſpect, dont ſans ceſſe je payerai le tribut à mon auguſte Client; car ſon malheur ſeul le

rendrait

rendrait facré pour moi *Res facra mifer ;* et puifque j'ai voulu être fon défenfeur, apparemment que je lui crois des vertus. Roi, captif, accufé, innocent, vertueux, que penfez-vous que doit infpirer la réunion de tous ces caractères à celui qui y croit, et que penferiez vous de celui qui, fans y croire, remplirait les fonctions que je remplis ?

CITOIENS, je rougirais d'infifter fur des devoirs fi faints. Que des débats politiques dégénèrent quelquefois en fcénes tumultueufes, c'eft déja un inconvénient, il peut amener de grands dangers, cependant il n'accufe que la faibleffe de la raifon, et l'impétuofité des paffions humaines. Mais un juge qui fur fon tribunal ne voudrait pas entendre la juftification d'un accufé ; quand il a une fi terrible manière de le réfuter ! quand il va ordonner de fa vie ou de fa mort ! Un juge qui craindrait la vérité, qui la repoufferait ! Un juge qui aurait foif du crime ! qui s'indignerait de ce qu'on plaide pour l'innocence ! ce ferait un fpectacle impie, quelque chofe de monftrueux et qu'on ne fçaurait comment appeller, ce ferait une interverfion de tout l'ordre moral, telle qu'on pourrait à peine en trouver un exemple dans l'hiftoire des hommes. Vous me défendez, Citoiens, de m'arrêter fur cette idée ; vous vous rappellez en frémiffant, l'éponge que Caligula faifait mettre dans la gorge de fes victimes.

D'AILLEURS,

D'AILLEURS, Citoiens, il eſt un point qui doît être bien ſixé entre nous. Vous n'êtes pas cette aſſemblée conſtituante à laquelle tous les partis reprochent leurs malheurs. Vous n'êtes pas cette aſſemblée légiſlative à laquelle la poſtérité demandera éternellement pourquoi elle ne s'eſt pas tranſportée toute entière aux priſons le 2 Sept. Revêtus d'un nouveau tître, nommés par d'autres mandataires, envoiés par eux pour donner un gouvernement à la France, quand il n'y en avait plus, pour prononcer ſur la ſuſpenſion de Louis XVI. après qu'il avait été traduit à la tour du Temple, vous n'avez été aſſemblés que le 20 Septembre. Vous vous garderez bien de vouloir vous retrouver dans des faits qui vous ſont abſolument étrangers, vous reconnaître dans les tableaux qui en feront tracés. Votre reſponſabilité vous parait ſurement aſſez grande, ſans que vous cherchiez à la faire rétrograder juſque ſur les évènemens qui ſe paſſaient quand vous n'exiſtiez pas encore.

Nous avons aboli la Roiauté, me direz-vous ! —Oui, vous l'avez abolie ! - - - et cette queſtion m'eſt étrangere. Mais enfin ce qui regarde la Roiauté, et ce qui regarde la perſonne du Roi, ſont deux choſes abſolument diſtinctes. Il n'y a pas néceſſité que la deſtruction de l'une entraine le meurtre de l'autre. On pourrait vouloir la Roiauté, et ſe déclarer contre le Roi. On peut s'interéſſer pour le Roi, et voter contre la Roiauté. En un mot, l'abolition de la Roiauté peut appartenir à l'opinion ; le jugement du Roi touche néceſſairement à la conſcience.

Qu'il exiſte, comme je l'ai profeſſé, un contrât originel entre les peuples et les Rois, obligatoire pour chacune des parties quand l'autre ne l'a pas enfreint ; ou bien, comme je le trouve établi en France, que les peuples, qui très certainement ont donné la couronne, puiſſent la reprendre quand il leur plait :—Que je croie, avec de l'Olme, les Anglais d'aujourdhui incomparablement plus libres que les Romains d'autrefois ; et que d'autres penſent, avec Rouſſeau, que quand le peuple eſt repréſenté, il n'eſt déjà plus libre : ce ſont de grandes théories qui n'excluent entre leurs partizans divers aucun rapport ni d'eſtime ni de bienveillance.

Mais celui qui a voulu faire aſſaſſiner Louis XVI, celui qui l'a entrainé dans le piége, celui qui l'a plongé dans un cachot, celui qui l'a ſurchargé, lui et ſa famille, de tourmens et d'opprobres, non ſeulement injuſtes mais gratuits, celui enfin qui, quand tous les faits ſeront connus, oſera demander encore leur condamnation, leur ſupplice, leur dégradation, je ſoutiens, je prouverai juſqu'à la démonſtration, qu'entre un tel homme et un homme de bien, il ne peut plus être rien de commun.

En

En deux mots, Clarendon (j'en nommerais un autre, ſi j'en connaiſſais un plus vertueux) Clarendon pouvait communiquer avec Hambden et s'en honorer; il ne devait approcher de Cromwell que pour lui percer le ſein.

Peuple Français, qui êtes venu, dans cette audience terrible, aſſiſter au jugement de votre Roi, j'eſpère obtenir votre intérêt, je vous demande votre ſilence. Ce jour ſera la plus grande époque de votre hiſtoire. Français, penſez y bien, il s'agit de remords ſans fin, et d'une tache éternelle. Les Anglais pleurent depuis un ſiècle, et les ſiècles ſuivans les verront pleurer encore un régicide commis par un bien plus petit nombre de leurs pères, avec bien moins de ſolemnité, et, il faut l'avouer, avec des circonſtances bien moins odieuſes que celles qui ſignaleraient aujourdhui en France le renouvellement du même attentât. On vous a bien outragés, Français; on a bien étrangement compté ou ſur la prévention, ou ſur la légèreté, ou ſur l'ignorance, lorſque l'on n'a pas eu honte d'appeller devant vous du nom d'*infâme* ce Charles I. que toute une nation, qui apparemment n'a beſoin de perſonne pour connaître ſes droits et ſentir ſa dignité, appelle religieuſement du nom de *Martyr*. Je reviendrai dans un autre moment ſur l'hiſtoire de Charles I. Vous jugerez la véracité de ceux qui prétendent vous inſtruire,

ſtruire, et vous verrez ſi cet exemple a de quoi tenter.

PEUPLE Français ! écoutez-moi, croiez-moi. Que je meure à cette barre, ſi le reſpect de vos droits, ſi le zèle de votre liberté, de votre gloire, de votre bonheur, ne m'anime pas aujourdhui dans tout ce que je dis. Reconnaiſſez celui qui a été votre ami, ſans qu'il en coutât rien ni à votre innocence ni à la ſienne. Reconnaiſſez celui que vous avez appellé votre défenſeur ; loin de moi un ſouvenir qui me ſoit perſonnel, mais c'eſt votre confiance que je vous retrace, parceque j'ai beſoin de votre confiance ; et je vous proteſte, que jamais je n'en fus plus digne, que jamais je ne la reconnus mieux, qu'enfin jamais je n'ai mieux mérité de vous, que par l'entrepriſe, à laquelle je viens me livrer. Rappellez vous ce 17 Juillet 1789 lorſqu'à l'hotel de ville vous m'apellâtes pour porter des paroles de médiation entre Louis XVI et vous ; rappellez vous ces tranſports, ces cris affectueux que vous uniſſiez à ma voix, et qui préſageaient des évènemens plus heureux ; lorſqu'après avoir parlé au Roi de ſes devoirs, rendant hommage à ſes droits, qui, alors, n'étaient pas plus conteſtés que ſes vertus, je lui diſais, avec une émotion que vous partagiez tous : *Non, Sire, Cette génération de Français n'eſt pas aſſez malheureuſe, pour qu'il lui ait été réſervé de démentir quatorze ſiècles de fidélité,*

Hélas !

Hélas! il ne faut plus aujourdhui porter ſi haut nos prétentions: mais, Peuple bon et ſenſible, c'eſt à vous que je m'addreſſe, quelque part que vous ſoiez, Peuple étranger à tous les excès qu'on a revêtus de votre nom tant profané, Peuple honoré par la franchiſe, offenſé par la flatterie, jaloux de la vérité, vous ne me déſavouerez pas quand je dirai à ce même Louis XVI: *Non, cette génération de Français n'eſt pas du moins aſſez malheureuſe, n'eſt pas aſſez réprouvée, pour qu'il lui ait été réſervé de commettre un attentat dont quatorze ſiècles n'ont pas offert l'exemple, et de faire couler ſous le fer d'un bourreau le ſang de St. Louis, de Louis XII. et de Henri IV.*

Ah! je n'ai plus qu'un mot à dire avant d'aborder le fonds du procès; mais il faut que je le diſe; il faut que j'attaque votre ſenſibilité, pour parvenir à votre raiſon; il faut que j'entre dans vos cœurs, et que j'aille y chercher la faveur ſans laquelle toutes mes paroles ne feraient qu'un vain ſon. Ecoutez-moi. Quels que ſoient les divers ſentimens qui ont partagé les eſprits, n'en eſt-il pas un qui doit les réunir tous, celui de l'humanité? Eh! qui pourrait s'y refuſer, en contemplant cette chute épouvantable, du faite des grandeurs humaines dans l'abyme de la plus profonde infortune; en voiant ces auguſtes victimes de la fatalité, livrées, depuis trois ans, à toute l'horreur des tempêtes politiques, allant d'écueil en écueil, et de naufrage en naufrage, vingt fois touchant

touchant au port, vingt fois rentraînées par la vague, perdues maintenant ſur cet océan furieux, et flotant ſur la dernière planche de ſalut qui leur reſte?

Ce Roi, qui n'aguères était aſſis ſur le trône le plus éclatant du monde; dont les ordres étaient reſpectés dans toutes les parties de l'univers; dont le nom était mêlé dans les temples aux invocations ſacrées, dans les fêtes aux chants d'allégreſſe, dans les tribunaux aux décrets de la loi, dans l'armée aux cris de la victoire, en Europe aux bénédictions de la paix, en Amérique aux hymnes de la liberté :—Ce Roi, qui n'avait qu'un mot à proférer pour qu'une marine ſortît toute entière du néant; pour que les vagues de l'océan reculâſſent devant les ports conſtruits dans ſon ſein; pour que trois mers ſe joigniſſent; pour que des canaux allâſſent partout enrichir l'agriculture et aggrandir le commerce; pour que la ſervitude féodale fût abolie, l'intolérance proſcrite, les loix pénales adoucies; pour que des manufactures, des atteliers, des hoſpices s'ouvriſſent de toute part à l'induſtrie, à la miſère, à la ſouffrance! le voilà enſeveli dans un cachot, ſoumis aux ordres, abandonné aux outrages de tout ce qui l'approche. L'être faible et précaire que la nature vient de mettre au monde, n'eſt pas plus dépendant de la volonté d'autrui, et il n'a pas le ſentiment de ſa dépendance! et il n'eſt pas environné d'ennemis! Louis XVI. pour les pre-

miers

miers beſoins de ſon exiſtence, pour ceux non moins impérieux de ſon cœur, pour la conſolation d'embraſſer ſes enfans, ſa femme, ſa ſœur, eſt à la merci des caprices d'une nuée de geoliers, qui, ſe ſuccédant rapidement, n'ont pas même le temps de contracter cet intérêt involontaire, qu'inſpire, à longue, à toute créature humaine la vue d'un être toujours et toujours ſouffrant : chacun paſſe, chacun veut ſe ſignaler, et comment, grand Dieu! ſe ſignale-t-on? Louis XVI. a aboli l'eſclavage, et il eſt devenu ſerf d'autant de maîtres qu'il y a d'hommes qui veulent l'être. Louis XVI. a aboli la torture, et il n'y a pas de torture qu'on ne ſe plaiſe à inventer pour lui. Louis XVI. a voulu que, même pour les coupables, les priſons fûſſent ſalubres et commodes, et une recherche ingénieuſe s'attache à rendre la ſienne auſſi ténébreuſe, auſſi inſalubre, auſſi affreuſe quelle peut l'être ; on lui reproche ſa nourriture, on lui envie juſqu'à l'air et à la lumière. Louis XVI. eſt venu au ſecours des malades indigens, et on lui a enlevé les medecins qui ont ſa confiance*. Louis XVI. a introduit en France la tolérance religieuſe, et on lui refuſe le miniſtre que ſon culte et ſa conſcience ſollicitent.—Sa Reine eſt obligée de s'abaiſſer aux détails les plus abjects de l'intérieur domeſtique, et on lui reproche la fierté qui la ſoutient! Reine, épouſe, mère, il n'y a pas un ſeul de ces

titres

* M. Vicq-d'Azir.

tîtres dont on ne fasse pour elle une source de douleurs et d'offenses, et on la hait de ce qu'elle y trouve un principe de force et de consolation!— On a inventé pour sa sœur un genre de supplice nouveau: dans l'impossibilité de calomnier sa vertu, on la tourmente par les grossièretés obscènes que ses oreilles pudiques sont forcées d'entendre. —Et les enfans! que dire de ces êtres innocens, qui devraient obtenir grace pour leur père, même coupable, et sur lesquels au contraire on étend son supplice. Qu'on ne me parle point ici de la nation: on blasphême le nom de la nation, autant de fois qu'on l'emploie à légitimer de telles cruautés. L'histoire malheureusement offre plus d'un de ces crimes doublement atroces, commis envers la faiblesse et l'enfance: mais c'est un seul individu qui les commet, une Marâtre, un Usurpateur collatéral, un Chef de parti emporté par la haine ou l'ambition. Mais qu'on me dise ce que c'est que toute une nation tourmentant et s'acharnant à perdre deux enfans. C'est une prison momentanée, vous répond-t-on. Et cependant on a déjà proféré cette phrase, dont il n'y a pas, en Europe, un cœur d'homme qui n'ait frémi: Qu'il faudrait *balancer les destinées du fils de Louis XVI. avec l'intérêt de la République**. Ce Montesquieu qu'on renie sur tout, qu'on n'entend sur rien, on l'a été

* Rap. de Maille, du 7 Nov. 1792.

été chercher cette fois, on a été troubler ses manes, pour le faire servir à perdre un enfant de sept ans. « Ils ne sentent pas leur malheur," vous dit-on encore. Helas ! je n'ai vu que peu de fois, dans ces derniers temps, toute cette roiale famille réunie, mais la dernière fois ! - - - je ne l'oublierai jamais. Un Dimanche matin je la vis à l'église ; le service allait finir ; on entonna la prière accoutumée pour demander au Ciel de *sauver le Roi* - - - c'était le 9 Août ! - - - toute la famille se prosterna, et tout autour d'elle parut saisi d'un noir pressentiment. Je vis Madame roiale, je vis la fille du Roi demander au ciel de sauver son père ; je la vis serrer ses mains jointes, cacher son visage, et presser son front contre son livre, sur lequel deux ruisseaux de larmes coulaient de ses yeux à-demi fermés ; l'oppression de son ame, les battemens de son cœur étaient sensibles à l'œil. Croiez-vous que celle là sente son malheur ?—Et quant à cette créature innocente, qui depuis trois ans joue dans les bras de l'infortune ; que depuis trois ans sa mère ne regardait pas sans se composer un sourire, pour ne pas le dérober à l'heureuse ignorance de son age ; croiez-vous qu'elle ne soit pas dissipée maintenant cette ignorance ? Il voit bien qu'il est en prison, car il ne sort point, et un cachot ne ressemble pas à un palais ; il voit bien que l'on traite différemment son père, car des outrages ne ressemblent pas à des respects ; il remarque qu'entre ſes parens et lui il eſt toujours quelqu'étranger qui s'oppoſe même aux ſignes qu'ils voudraient ſe faire; il ſent des larmes ſur ſes joues quand ils le preſſent dans leurs bras; il a vu leur déſeſpoir quand on a voulu les ſéparer; il a vu ſa mére mourante, quand la tête d'une princeſſe de ſon ſang a été portée au bout d'une pique, et ſon corps trainé ſur les pavés - - - Et combien j'en tais!—et combien j'en ignore! - - - Ecartons ces tableaux, Citoiens; mais je le demande, quel eſt l'être ſi malheureuſement né, à qui la Nature dans ſa colère a donné une telle faculté de haïr, qu'elle ne ſoit pas vaincue par la pitié, en fixant un tel ſpectacle?

Eh bien, au nom de cette pitié et de tout ce qui vous l'inſpire, au nom de tout ce qu'ils ſouffrent, je ne vous demande encore que d'écouter ce que je vais dire pour prouver qu'ils ne l'ont pas mérité.

Citoiens,

Qu'a fait Louis XVI. depuis l'inſtant où il eſt monté ſur le trône, juſqu'à celui où il a été accuſé?

Louis XVI. peut-il être accuſé? Pouvez-vous être ſes juges?

Louis XVI. quand il pourrait être accuſé, eſt-il coupable?

Voilà les trois queſtions, entre leſquelles je partagerai toute la défenſe du Roi.

PREMIERE QUESTION.

Qu'a fait le Roi depuis qu'il eſt monté ſur le Trône jusqu'à l'inſtant où il a été accuſé ?

CITOIENS,

JE comparais tout à l'heure ce qu'avait été Louis XVI. avec ce qu'il eſt aujourd'hui, et en vous peignant ſon pouvoir, je ne faiſais autre choſe que peindre ſa bienfaiſance. Et moi auſſi je vais *vous préſenter un hiſtorique rapide de la conduite du Roi,* * non ſeulement *depuis le commencement de la révolution*, mais *depuis le commencement de ſon règne.* Et moi auſſi je ſerai *ſimple*, mais pour inſtruire le peuple, et non pour le corrompre. Surtout je ſerai vrai. J'atteſterai votre conſcience ſur ce que je vais rappeller à votre mémoire, et j'interrogerai vos cœurs ſur ce qu'auront produit en eux de tels ſouvenirs.

TOUT ce qui ne tient qu'à l'éclat ou à la grandeur, tout ce qui ne flatte que l'orgueil du trône et la fierté nationale, je le paſſerai rapidement en revue, quoique la ſplendeur et la dignité ſoient bien quelque choſe dans la vie politique d'un grand empire. --- Le Roi honnête-homme, le Roi ami de l'humanité, ami de la liberté, ami du peuple, voilà le caractère que je veux développer devant vous.

AINSI

* Voyez le Rapport de Lindet au nom de la Commiſſion des Vingt-un, 10 Decembre.

Ainsi je vous dirai : " Quand Louis XVI. est monté sur le trône, votre nom était effacé de la liste des puissances maritimes. Une guerre est survenue, et vous avez eu trente-deux vaisseaux de ligne dans la Manche, cinq dans la Méditerranée, douze dans les mers d'Asie, vingt-neuf dans celles d'Amérique. Des flottes de cinq et de six cent voiles ont transporté dans toutes les parties du monde vos soldats, vos magasins, vos arsenaux. Comblés de gloire par vos combats, des richesses par vos prises, vainqueurs dans la plupart des actions particulières, vous avez, dans les actions générales, balancé les triomphes, et surpassé les conquêtes de vos ennemis. Jusqu'à l'éclatante victoire de Rodney a honoré votre courage. Suffren a renouvellé à la côte de Coromandel les prodiges des *Pocock*, des *Cornish* et des *Stevens*. Le commissaire étranger, que vous regardiez avec indignation, vous donnant la loi dans un de vos ports, enchainant tout à la fois et votre indépendance, et votre industrie, et jusqu'aux bienfaits de la nature, vous l'avez vu disparaitre sans retour. Tandis qu'un port était affranchi, d'autres étaient créés. Dans les anciens comme dans les nouveaux parages, sur toutes les côtes de France et d'Allemagne*, sur la côte d'Afrique†, dans toute l'étendue de mers qui sépare l'isle de France de l'Asie‡, des observateurs

* Borda, † La Bretonnière. ‡ Grenier.

teurs éclairés ont été envoiés pour explorer les routes connues, pour en découvrir de nouvelles, et leur but a été rempli. Ce courageux marin, dont aucun Français ne prononce le nom sans attendrissement, qui a ressemblé à Cook par son génie, par sa bravoure, et par son malheur, cet infortuné la Peyrouse, c'était de Louis XVI. qu'il avait reçu directement sa mission; et en sortant du long entretien qu'il avait eu avec le Roi, au moment de son départ, il était aussi étonné des connaissances du Monarque, qu'attendri du zèle passionné qu'il avait trouvé en lui pour le bien public et pour l'honneur du nom Français.

Je vous dirai: " Quand Louis XVI. est monté sur le trône, votre intervention pesait à peine quelques grains dans la balance politique de l'Europe. Louis XVI, par la pureté de son ame, par le choix et la discrétion de ses conseils, par la noblesse et le désintéressement de ses vues, vous a remis à la place qui vous appartenait; la France a pacifié la Russie et la Porte; elle a pacifié la Prusse et l'Autriche; elle a pacifié l'Autriche et la Hollande. Votre alliance a été recherchée, votre appui désiré; le Roi et la Nation ont été respectés à l'égal l'un de l'autre.

Je vous dirai : " Quand Louis XVI. eſt monté ſur le trône, je ne ſais quel relachement dans les mœurs et dans les ames, je ne ſais quelle indifférence au bien et au mal, plus funeſte peut-être que l'énergie des grand vices, avaient preſqu'univerſellement éteint l'eſprit national. La guerre de 1756, après avoir commencé par des victoires brillantes, avait fini par des déſaſtres humiliants. Les quatorze années qui avaient ſuivi, s'étaient de plus en plus reſſenties de cette dégradation. Des intrigues coupables, des jugemens iniques, une ligue contre des moines, de miſérables querelles où l'oppreſſeur était odieux, et où l'opprimé n'était pas intéreſſant ; voilà ce qui avait occupé et ſignalé la nation Françaiſe pendant cette triſte période de ſon hiſtoire. Quelques caractères iſolés, quelques actions particulières avaient encore jetté de l'éclat : mais tout le reſte était terni par le malheur, la honte, et le découragement. Louis XVI. a paru, et il a ranimé ce noble enthouſiaſme qu'il regardait comme le caractère diſtinctif du Peuple qu'il commandait. Je ne ſais pas ſi jamais Prince s'eſt complu d'avantage dans le reſpect de la dignité nationale, dans l'amour du nom et dans le zèle de l'honneur Français, a plus aimé à s'y abandonner, a plus cherché à l'enflammer. Comme ſes

vœux

vœux ont été remplis ! Comme ses soins ont été payés par la guerre de 1778 ! Français ! que de traits d'héroïsme vous avez produits pendant ces cinq années ! Mais ne vous rappellez-vous pas avec quelle fidélité les récompenses suivaient les services, avec quelle noblesse elles allaient quelquefois au-devant, avec quel discernement tous les moyens d'émulation étaient saisis? Tantôt c'étaient des actions particulières, c'était la valeur d'un simple Corsaire *, c'était le dévouement du Curtius Français † que Louis se plaisait à immortaliser par la plus noble des récompenses. Tantôt il embrassait dans les témoignages de sa reconnaissance tous ceux qui avaient bien mérité de la patrie. Il ordonnait une suite de tableaux, dans lesquels devaient être représentés les actions éclatantes et les combats glorieux de la Marine Française. Que n'êtes vous ici, ô vous tous qui avez fourni les sujets de cette intéréssante gallerie ! vous nous diriez ce que vous avez éprouvé en 1786, dans ce voyage de Louis XVI, dont je parlerai bientôt sous un autre rapport, lorsque vous étiez surpris peutêtre, mais surtout attendris de l'entendre vous appeller tous par vos noms,

* Fabre, Capitaine du Phénix, qui s'était battu pendant trois heures seul, contre cinq Corsaires ennemis, en avait fait fuir trois et amener deux. Le Roi lui envoya un epée d'or, et une pension.

† Le Chevalier d'Assas.

noms, vous décrire vos voyages, vous citer vos combats, vous compter le nombre de vos blessures.

Je vous dirai : " Quand Louis XVI. est monté sur le trône, plusieurs branches de commerce languissaient. L'industrie demandait vainement qu'on lui ouvrît de nouveaux atteliers. Les arts dégradés étaient devenus tributaires des vices. Louis XVI a fécondé tout à la fois le commerce extérieur et interne. Il a créé des manufactures inconnues, et il a perfectionné les anciennes. De nouvelles fonderies ont été établies, de nouvelles Pêches ont été ouvertes, de nouvelles mines ont été exploitées. Il a prêté ses vaisseaux aux négocians de l'Inde. Depuis son avénement au trône jusqu'en 1788, les rétours annuels de St. Domingue se sont accrus de 50 millions, et la France, par la seule balance du commerce, a gagné 400 millions pendant les huit premières années de son règne. Par lui les arts purifiés ont été rappellés à consacrer la souvenir des grands talents et des grandes vertus. Le Burin * a pris la même direction que la peinture. Le marbre s'est animé pour retracer à la nation Française, dans un immense et glorieux Musée, tout les grands hommes dont elle devait s'enorgueillir. Là tous les préjugés ont été effacés, toutes les classes ont été confondues ; le génie et la vertu ont seuls donné l'entrée, ont seuls

* Mort d'Assas. Mort de Moncalm. Siège de Calais, &c.

ſeuls marqué les rangs ; et, comme dans l'Elyſée de Weſtminſter, vous avez vu Racine auprès de Fénélon, Paſcal auprès de Monteſquieu, et Jean-Bart ſur la même ligne que le grand Condé.

CITOIENS, c'eſt aſſez parler d'éclat et de grandeur, venons à la probité, venons à la bonté. Louis XVI. vous a été denoncé par votre commiſſion des vingt et un, comme *un Tyran qui s'eſt conſtamment appliqué à empêcher, à retarder, puis à anéantir votre liberté.* * Louis XVI vous eſt annoncé par moi, comme *un Roi débonnaire, qui eſt conſtamment appliqué à préparer, à accélérer, à créér votre liberté.* Vous avez entendu le récit de votre commiſſion. Vous allez entendre le mien. Faſſe le Ciel que la poſtérité n'ait qu'à confirmer votre jugement ! hélas ! ce n'eſt pas pour la mémoire de Louis XVI. que je conceverai jamais une inquiétude. Elle eſt ſacrée de ce moment. Mais il vit ; ſon ſalut, et celui de la France, voilà ſur quoi vous allez prononcer. Ah ! diſcernez-donc le bien entre le menſonge et la vérité.

Louis XVI. monte ſur le trône à l'âge de 20 ans. L'yvreſſe de la grandeur eut peutêtre été pardonnée à l'yvreſſe de l'âge, et ſon premier mouvement eſt celui d'une terreur religieuſe. Il eſt effrayé du fardeau impoſé à ſa jeuneſſe.

E Il

* Lindet Rapport du 10 Debembre.

Il l'avoue avec candeur, il ſonge à appeller auprès de lui tout ce que l'expérience lui promet de lumières, tout ce que la vertu lui promet d'appuis. La première fois qu'il parle aux peuples, c'eſt pour les décharger d'un impôt, pour prendre ſur lui la longue dette de ſes pères, et jamais il n'a violé cet engagement ; pour mettre ſous ſa ſauve-garde toutes les propriétés, et jamais il n'a porté atteinte à aucune ; pour annoncer aux Français *qu'aucun ſacrifice ne lui couterait pour eux :* Hélas ! il eſt arrivé au dernier ! enfin, pour appeller les faveurs du Ciel ſur ſes bienfaiſantes intentions. *Aſſis*, leur dit-il, *ſur le trône où il a plu à Dieu de Nous élever, Nous eſpérons que ſa bonté ſoutiendra Notre jeuneſſe, et Nous guidera dans les moiens qui pourront rendre Nos peuples heureux.** Qui de nous put alors lire ces paroles ſans émotion, et qui peut aujourd'hui les relire ſans douleur ?

Ce n'eſt pas dans les intrigues de la Cour ou dans les ſuggeſtions de la flatterie, c'eſt au ſein de l'eſtime publique, c'eſt dans les recommendations de ſon vertueux père (1), au milieu des bénédictions de toute une province (2), dans la réſidence lointaine d'un homme laborieux (3), au fond d'un juſte et glorieux exil (4), que le jeune Roi

* Edit du mois de Juin. (1) Mr. De Muy. (2) Mr. Turgot. (3) Mr. de Vergennes. (4) Mr. de Miromeſnil.

Roi va chercher les premiers dépositaires de son pouvoir.

Le pain du Peuple, voilà ce dont il veut s'occuper avant tout. L'ame de Turgot répond à la sienne. Il appelle Turgot *son ami*, parcequ'il voit en lui l'homme du Peuple autant que l'homme du Roi; et cet Edit mémorable parait, qui, fixant les principes sur la liberté du commerce des grains, affranchissant leur circulation intérieure, devait rendre et la denrée meilleure, et la subsistance plus facile.*

La justice est le second besoin des peuples. A elle s'attachent tous les liens de la société. Sans doute elle est plus précieuse encore aux classes les moins fortunées, puisqu'elle est l'arme du faible contre le fort, et le seul niveau qui rétablisse parmi les hommes la véritable égalité qui leur appartient. La magistrature entière était dans l'éxil. Vous croyez bien qu'il se trouva plus d'un homme pour dire à Louis XVI. qu'en la rappellant il allait se donner des maîtres, qu'il allait remettre son autorité sous un joug dont on l'avait dégagé; qu'au contraire, il devait se trouver heureux de recueillir les fruits d'une opération dont d'autres avaient supporté l'odieux. Hélas! cette politique n'était que trop-plausible, et les événemens l'ont trop justifiée. Mais c'était l'opinion publique que Louis XVI. interrogeait, c'était

* Edit du 2 Novembre, 1774.

c'était le vœu de ſon peuple, et non l'intéret de ſon autorité, que Louis XVI. voulait ſeconder. Le vœu du peuple était pour les Parlements, puiſqu'à leur retour le peuple les a portés en triomphe. Louis XVI. a donc réinſtallé tous les Parlements.

Le peuple avait du pain et des juges. Mais le poids des impôts était écraſant ſurtout pour les campagnes. Une meſure s'était introduite dans la perception, dont la rigueur était voiſine de la cruauté. Si, dans une village, quelque pauvre habitant n'avait pu fournir ſa contribution, ſi quelque homme de mauvaiſe foi avait diſparu ſans y avoir ſatisfait, leurs portions étaient reverſées ſur la communauté entière qui était ſolidairement contrainte. Louis XVI. ſe hâte d'abolir, par une véritable loi, l'acte barbare * qui avait uſurpé ce nom ſacré, et il n'y eut plus de contrainte ſolidaire.

Vers le même temps un fléau vint affliger l'agriculteur. Une maladie épizootique exercait ſes ravages dans pluſieurs provinces ; les campagnes ſe dépeuplairent de bétail. Louis aida de ſa ſollicitude, de ſes ſoins directs, et de ſes ſecours abondants, quiconque fut menacé ou frappé de ce malheur.

Affreuse et déſolante vérité ! que je dis avec déchirement, mais que je ne puis diſſimuler.

Louis

* Déclaration du 3 Janvier, 1775.

Louis était destiné à être puni de ses vertus, et à souffrir pour avoir voulu le bien. Un Roi si populaire, un ministre si incorruptible, allarment de toute part ceux qui s'engraissaient des abus, ceux qui se rassasiaient de la substance du pauvre et des larmes du malheureux. Des ce temps là on s'arme contre Louis de ses bienfaits. On soulève le peuple contre la loi qui doit le nourrir. On crée une disette factice au sein de l'abondance. La révolte est dans la Capitale et dans les provinces environnantes. Les magasins sont enfoncés, les bleds et les farines semés sur les chemins, ou jettés dans les rivières, toutes les boulangeries sont pillées, et l'on parle à Paris d'aller à Versailles. Cette fois le peuple ouvrit promptement les yeux. La clémence du Roi voulut taire le nom des instigateurs. Ses proclamations affectueuses, ses instructions aux ministres d'un Dieu, qui pour lui était bien véritablement un *Dieu de paix,* portèrent partout le calme avec le repentir, et Louis fut heureux de pardonner. O! combien furent alors répétées les paroles qu'il proféra le jour où la sédition était la plus vive! il venait de travailler avec Mr. Turgot; il l'avait investi de tout son pouvoir. Au moment où il le voit partir pour Paris, il l'embrasse avec effusion, et lui serrant la main, *allez, mon ami,* lui dit-il, *quand on a comme vous et moi la conscience pure, on ne craint rien des hommes.*

Qui

Qui eut dit que dix-fept ans après, le 20 Juin 1792, Louis adrefferait le même difcours non plus à un *ami*, mais à une troupe d'ennemis comblés de fes bienfaits et altérés de fon fang ?

Parmi les différents départements entre lefquels le miniftère était partagé, il en était un juftement rédouté, celui duquel émanaient ces ordres terribles connus fous le nom de Lettres-de-cachets, qui quelquefois ont prévenu, plus fouvent ont fuppofé, et toujours ont encouragé le crime. Ce miniftère vient à vaquer. A qui croyez-vous qu'il va être confié ? apparemment à un de ces efclaves orgueilleux qui ne connaiffent de loi que la volonté du maître et la leur, qui puniffent la parole et la penfée, qu'aucun malheur ne touche et qu'aucune injuftice n'effraie ? Non ; Louis appelle à cette place un des magiftrats les plus intégres, un des philofophes les plus libres, un des hommes les plus humains que l'Europe révère ; un magiftrat qui avait paffé fa vie à oppofer des barrières aux entreprifes arbitraires de la Cour. C'eft que Louis XVI. a horreurs des Lettres-de-cachets, c'eft qu'il veut que les Français foient libres. A peine Mr. de Malefherbes a-t-il fanctifié ce miniftère, que par ordre du Roi il entre dans les prifons et defcend dans les cachots. Il brife les fers de ceux qui ont été trop ou trop longtemps punis. Il allége la captivité de ceux qu'il eft impoffible de rendre

rendre à la fociété. Il dreffe fous les yeux du Roi un réglement qui commence par détruire l'abus, et qui doit finir par opérer l'anéantiffement des Lettres-de-cachets.

Citoiens, on vous parlé des *lits de juftice que tenait Louis au milieu de quelques magiftrats, pour y dicter fes ordres abfolus* *. On vous a dit que *ces féances, fuivies du deuil et de la confternation, ajoutaient toujours aux calamités publiques* †. On n'a point cité de faits: en voici un. Le 12 Mars 1776, Louis convoque à Verfailles le Parlement de Paris. *Il tient en effet un lit de juftice.* Il eft, en effet, *environné de magiftrats pour leur dicter fes ordres abfolus.* Il repouffe leurs remontrances, il force leur foumiffion, et de fa volonté fuprême il fait enrégiftrer la fuppreffion de ces corvées qui vexaient et accablaient le peuple; l'abolition de ces jurandes qui enchainaient fes facultés et fon induftrie; la répartition égale entre toutes les claffes des citoiens, de l'impôt néceffaire à la confection des grandes routes. Voilà les lits de juftice de Louis XVI. Celui là du moins n'a pas été *fuivi du deuil et de la confternation*; celui là n'a pas *ajouté aux calamités publiques.*

Je me trompe, Citoiens, un grand *deuil* a fuivi ce jour fi fortuné. Une grande *calamité publique* en a été le dernier réfultat. On a reconnu que par la conftitution Françaife d'alors, la vertu du Roi

* Rapport de Lindet du 10 Decembre, 1792. † ibid.

Roi était impuiſſante pour le bien, toutes les fois que de grands corps avaient intéret de maintenir le mal. Maîtriſé par ces Cours qu'il avait rappellées du Néant, Louis a été obligé de ſacrifier ſon miniſtre chéri, de renoncer à ſes édits bienfaiſants, et d'attendre du temps, et de nouvelles meſures, l'exécution de ſes projets populaires.

A PEINE Louis XVI. a-t-il fait cette première perte, qu'il eſt obligé de ſe réſigner à une ſeconde. L'ami de Mr. Turgot, Mr. de Maleſherbes, veut le ſuivre dans ſa retraite. Un *Tyran* eut ſaiſi avec tranſport cette occaſion d être délivré de l'importune ſurveillance d'un miniſtre ſi ſévère pour l'autorité, et ſi propice au peuple. Deux fois Louis refuſe la démiſſion de Mr. de Maleſherbes, deux fois il le conjure de ne pas le quitter ; et quand le philoſophe, perſiſtant dans ſa réſolution, s'écrie avec vivacité ; *Sire, il eſt impoſſible de faire le bien. Il faut donc*, lui répond Louis, *que je quitte auſſi ma place ?* précieuſe naiveté qui dépoſera éternellement de la pureté de ſon ame ! Telle eſt l'idée que Louis ſe fait de la puiſſance ſuprême. Ce ſont des devoirs et non des droits quelle lui préſente. *Etre Roi et faire le bien*, lui paraiſſent une ſeule et même choſe, et ſon cœur définit la Royauté comme la loi l'a conçue.

 LOUIS

Louis a toujours été religieux. Malheur à la Nation gouvernée par un Roi impie, par un chef impie quelqu'il soit ! Mais jamais sa piété n'a été superstitieuse. Ainsi, tandis qu'il fondait des sièges épiscopaux * pour conserver le dépôt de l'instruction publique, et pour créér une ressource de plus à l'indigence, il songeait à délivrer le Royaume du fardeau de toutes ces maisons prétendues religieuses, dont l'oisivété était le moindre scandale. Il réunissait les unes, il abolissait les autres. Il obtenait de la puissance ecclésiastique une diminution dans le nombre des fêtes, et il se félicitait de rendre tous ces jours au travail et à la subsistance du peuple †.

La législation des colonies, trop longtemps negligée, fixe ses regards ; avant tout, il songe à y établir sur des fondemens inébranlables, ce droit sacré de propriété, sans lequel s'écroule toute la fabrique des sociétés‡.

Nous sommes parvenus à l'époque de l'unique guerre que Louis ait entreprise. Je n'ai plus à vous entretenir ni du succès, ni de la gloire de cette guerre, mais je dois vous fixer un instant sur son principe. Chaque jour votre orgueil se complait dans l'idée que vous avez fait croître la liberté pour les Américains, et que c'est du milieu d'eux que vous en avez apporté les semences

F dans

* Nancy. St. Diez.

† Lettres patentes, 1778.

‡ Edit de 1777.

dans votre propre pays. Mais cette guerre qui vous plait tant, dont vous vous croiez tant honorés, pouviez vous la faire alors, si Louis ne l'eût déclarée? Cessez donc, ou d'appeller cette cause *la cause des hommes libres*, ou d'appeller *Tyran* le Roi qui s'est armé pour elle ; le Roi qui, longtemps pressé de s'engager dans cette querelle, longtemps incertain s'il s'y engagerait, n'a pas été arrêté un seul instant par le danger que pouvait courir son autorité, mais avait besoin d'être entrainé par le vœu général de sa nation, pour vaincre un juste scrupule envers une nation étrangère.

Ordinairement les combats absorbent toute autre idée. Lever des hommes, et lever des impôts, voilà, en temps de guerre, les occupations presqu'exclusives de tous les gouvernements. La guerre d'Amérique a duré cinq ans; et ces cinq années ont vû plus de réformes, plus de soulagemens, plus d'institutions, que vous n'eûssiez osé en attendre d'une longue paix.

Parcourez successivement toutes les parties de l'administration, et voiez s'il en est aucune, qui ne se soit ressentie du mouvement régénérateur, que Louis XVI. avait deja imprimé à toute la France.

Depuis longtemps, il gémissait sur la barbarie des loix criminelles. Déjà il avait aboli dans ses armées la peine de mort dont on frappait les déserteurs. Parmi les loix qui souillaient le plus votre

votre code, il en était une, qui, en dernière analyse, se réduisait à cette proposition : *Savoir combien, dans un temps donné, il en coutera d'efforts à la férocité d'un homme pour forcer l'innocence d'un autre à se calomnier elle-même* Louis XVI. anéantit cette loi*, et les mots de *question préparatoire* disparaissent enfin de la langue d'un peuple civilisé ! Une commission est instituée pour réformer le code entier, pour rendre les juges plus justes, les procédures plus franches, et les punitions plus douces. De grandes victimes des erreurs, ou des prévarications judiciaires, sont rendues si non à la vie, du moins à l'honneur, et le Roi (Ah! qui le fait mieux que moi ?) applanit lui-même les routes de la justice sous les pas des infortunés qui vont l'invoquer dans son dernier sanctuaire. D'horribles et d'infectes prisons confondaient l'innocent et le coupable au sein d'un supplice anticipé ; Louis les fait raser†. L'humanité préside à la construction de celles qui les remplacent. Le débiteur malheureux n'est plus mêlé avec l'infame assassin. L'innocent, qui sort d'une épreuve momentanée, n'a eû à regretter que quelques jours de liberté ; le coupable ne meurt au moins qu'une fois.

Deja préférant le soulagement de ses peuples au faste de sa cour, le Roi avait supprimé une moitié de

* Déclaration du [illegible] Septembre, 178[illegible].

† Déclaration portant suppression du fort l'Evêque et du petit Chatelêt, Octobre 178[illegible].

de ſa maiſon militaire*; Il ſupprime encore plus de quatre cents charges dans ſa maiſon domeſtique†. Il ſait que la juſtice eſt la bonté des Rois, et tantôt fixant à une ſeule époque la demande des graces pécuniaires‡, tantôt faiſant réunir dans un ſeul titre toute celles qui étaient accordées au même individu§, il ſe met engarde contre les ſurpriſes, et parvient à vérifier les abus. Partout s'établit une comptabilité ſévère. Partout la juſtice commence à s'introduire dans la répartition. Le clergé augmente ſes dons gratuits¶; les financiers prêtent à l'état ſans intérêt‖; les ſeigneurs engagiſtes ſont aſtreints à une juſte redevance**, et la contribution du peuple eſt diminuée. La taille ſurtout, la taille devient fixe et immuable, d'arbitraire quelle était. De tout coté s'ouvrent des écoles gratuites; ici c'eſt pour préparer la nourriture du peuple, †† là c'eſt pour préſerver le bétail de l'agriculteur‡‡. Pour la rigueur des ſaiſons, pour les malheurs imprévus, pour la ſubſiſtance, pour le vêtement, pour le travail

* Ordonnance du 15 Decembre, 1775.

† Ordonnance du 20 Août, 1780.

‡ Reglement du 23 Decembre, 1776.

§ Déclaration du 7 Janvier, 1779.

¶ Don extraordinaire de 16 millions 1782.

‖ Prêt gratuit de 30 millions par les fermiers généraux, 24 Juin 1781.

** Arrêt du conſeil, 14 Janvier 1781.

†† Ecole de boulangerie, 8 Juin 1780.

‡‡ Ecole veterinaire, 1780.

travail du pauvre, il y a des reſſources toujours prêtes, et des ſecours toujours abondants. On avait douté quelquefois ſi les hopitaux n'étaient pas plus barbares que miſéricordieux ; ſi tous ces malheureux entaſſés l'un ſur l'autre, et s'infectant réciproquement du venin de leurs diverſes maladies, n'étaient pas des victimes dévouées par la miſère, plutôt que des êtres ſouffrant receuïllis par l'humanité. La charité roiale deſcend au milieu d'eux, et le doute eſt levé*. L'Hotel-Dieu devient un aſyle honorable et ſalutaire. Chaque maladie a ſes ſalles, chaque malade a ſon lit. Dans toutes les paroiſſes de la Capitale s'élèvent des hoſpices particuliers deſtinés à ſecourir l'hoſpice général. Une douce et compatiſſante rivalité s'établit dans toutes les parties du Roiaume. Les particuliers luttent avec l'adminiſtration ; et comme ſous un Roi belliqueux tout prend un aſpect militaire, ſous un Roi eſſentiellement bienfaiſant, tout le ſuit dans les voies de la bienfaiſance, avec la différence, que cette dernière paſſion n'admet aucun danger, pas même celui de l'hipocriſie, car le bien eſt toujours fait, et tel eſt le charme de le faire, que celui qui a commencé par feindre la bonté finit par la ſentir. Ainſi le riche devient meilleur, en même temps que l'indigent devient moins infortuné. Jamais, non jamais la peuple n'avait été tant compté, ni le pauvre tant ſecouru.

L'AGRI-

* Edit de May 1781.

L'AGRICULTURE, le premier beſoin de l'homme, ſa première propriété, la baſe, et l'objet de ſes premières loix*, eſt auſſi pour Louis l'objet d'une attention première. Sous ſes auſpices des ſociétés ſe forment dans les différentes provinces, et correſpondent avec ſes commiſſaires. Eclairer, ſecourir, honorer le laboureur, inventer de nouveaux inſtruments, propager de nouvelles ſemences, récompenſer des hommes laborieux, féconder des terres ſtériles, approprier à un lieu les richeſſes d'un autre, et rendre la France entière participante de l'inſtruction, et des moiens que recueille chaque Canton; tel eſt le but que ſe propoſent, et que rempliſſent ces ſociétés bienfaiſantes. Les projets qui demandent de trop grands efforts, le Roi s'en charge. Ainſi les marais ſtagnans et morbifiques du Vexin † avaient réſiſté à toutes les entrepriſes formées pour les deſſécher. Le Roi veut y réuſſir. Trente mille toiſes de canaux ſont ouvertes, cinquante ponts ſont conſtruits, quatre chauſſées ſont élevées; 1500 arpens ſont rendus à la culture, et une province entière eſt rendue à la ſalubrité. Henry IV. avait conçu le projet ‡, Louis XVI. l'exécute. §

CITOIENS,

* Legifera Cereri.

† Depuis Chaumont juſqu'à Marquemont.

‡ En 1599, il avait appellé pour cet objet le célèbre Hollandais *Humfrey Bradley*.

§ En 1779, par les ſoins de M. M. Courvoiſier et Bonecrf.

Citoiens, ferez-vous furpris, qu'alors la reconnaiffance des peuples éclatât de toute part? Pendant que les habitans du Rouffillon élevaient un obélifque à Louis pour leur avoir rendu un port, * ceux de Bourgogne lui confacraient une médaille, pour l'ouverture du canal qui devait joindre trois mers.

Louis n'a jamais été ni philofophe aux dépens de la morale, ni philantrope aux dépens de fa patrie. Mais il chérit le principe autant qu'il abhorre l'abus. Son ame douce et pure eft faite pour ce fentiment que Cicéron appellait *la charité du genre humain.* † Il ne formait que des vœux de paix dans le tems même où il s'était cru obligé de foutenir une guerre. Il renverfait fucceffivement les barrières placées dans des tems de barbarie entre les diverfes nations de l'Europe et la fienne; et vous vites à cette époque, à l'égard de la Pologne, ‡ de l'Amérique, § du Portugal, ¶ la France renonçant à exercer, et ne devant plus fupporter ce droit *d'Aubaine,* qui n'était qu'un droit de fpoliation.

Mais je touche aux grands traits du tableau que je dois vous tracer. Dénonciateurs de Louis Seize,

* Port de Vendres.

† *Humani generis caritas.*

‡ Novembre, 1778.

§ 4 Août.

¶ 23 Avril, 1779.

Seize, vous qui prétendez le juger, vous qui l'avez entendu accuſer ; recueillez toute votre attention. Je vais offrir à vos regards un ſpectacle qu'ils n'ont point encore vu, à votre raiſon un prodige qu'elle aura peine à concevoir. Vous allez voir un *tyran* qui, au lieu de forger des fers pour des hommes libres, affranchit ceux que des loix immémoriales faiſaient naître dans l'état de ſervitude ; un *tyran* qui, au lieu de conquérir de nouvelles prérogatives à ſa couronne, ſacrifie les anciens droits de ſon patrimoine ; un *tyran* qui, au lieu d'uſurper tous les genres de pouvoir, et d'envahir toute eſpèce d'adminiſtration, ſe dépouille lui-même, et tranſporte à des aſſemblées populaires ce qui juſques-là avait légalement appartenu à ſes officiers ; un *tyran* qui, au lieu de couvrir ſon adminiſtration d'un voile impénétrable, appelle ſur lui la lumière du grand jour ; qui, au lieu de ſe regarder comme le propriétaire de la fortune publique, ne croit en être que l'économe, et veut en compter avec la nation.

Dénonciateurs, juges, perſécuteurs de Louis XVI, voici ce qu'il n'eſt pas en votre pouvoir de détruire, voici ce que la France a vu, ce que l'univers ſçait, et ce que la poſtérité répétera éternellement.

I. Le 10 Août 1779. Louis XVI, par un édit ſolemnel, a ſupprimé irrévocablement la ſervitude

vitude et le droit de main morte dans les domaines roiaux et les domaines engagés ; a irrévocablement aboli le droit de ſuite ſur les ſerfs et main-mortables, a ſolemnellement invité tous les propriétaires à ſuivre l'exemple de leur Roi.

II. A COMPTER du mois de Juillet 1778, Louis XVI. a ſucceſſivement établi des aſſemblées provinciales, chargées de la répartition, de la perception et du verſement des impôts ; des dépenſes locales, des routes, des canaux, des édifices publics ; et le commiſſaire du Roi, qui précédemment prononçait preſque ſouverainement ſur tous ces objets, n'a plus eu qu'un ſimple droit de concours, et ſouvent qu'une voix conſultative.

III. ENFIN, au mois de Janvier 1781, Louis XVI. a voulu que l'état des finances devint public, et le compte rendu, par le Directeur Général de ce département, a été imprimé par ordre du Roi.

ET c'eſt au faîte de la toute puiſſance ; au milieu des victoires et environné d'hommages ; c'eſt ſans en être ſollicité ; c'eſt, au contraire, lorſqu'à la réſerve d'un très petit nombre d'hommes privilégiés, tous les agents immédiats de l'autorité l'aiment mieux redoutable que bienfaiſante ; c'eſt alors que Louis conçoit et exécute cette immenſe révolution. Malheur à moi ! ſi j'ajoutais un ſeul mot au ſimple récit de ces grands événemens.

CITOIENS, voilà la feconde époque à laquelle Louis a furpaffé l'efpoir même qu'il avait fait naître. Je vois fes bienfaits, je cherche fa récompenfe - - - hèlas ! je retrouve fa deftinée.

LOUIS était heureux : ces corvées, ces contributions onéreufes qu'inutilement il avait voulu détruire avec fon miniftre, il les détruifait avec les affemblées provinciales. Le peuple était content et béniffait fon Roi. Les deux premiers ordres fe portaient avec zêle dans la nouvelle carrière qui venait de leur être ouverte. Les communes d'alors, élevées à une égale influence, jouiffaient de la juftice qui leur avait été rendue, et ne fongeaient pas plus à en abufer qu'on ne fongeait à la leur envier. Là exiftait réellement un efprit public. Là regnait l'union avec l'efpérance. Après trois ans de guerre, la recette fe trouvait excéder la dépenfe : un immenfe crédit, une paix prochaine, une adminiftration également pure et attentive, promettaient l'amortiffement de l'ancienne dette. Les affemblées provinciales facilitaient tous les moyens d'ordre et de zêle ; et chaque province attendait, avec une refpectueufe confiance, l'inftant, où le Roi, dans fa marche fagement graduée, devait faire arriver jufqu'à elle le bienfait dont jouiffait déja la Province voifine.

Mais il était des hommes qui ne voulaient ni d'un Roi vertueux, ni d'un peuple libre. Il

était

était d'antiques corporations, rivales bien plus qu'ennemies du pouvoir arbitraire; qui voulaient que le Roi le possédât, àfin de le lui ravir, et de l'exercer en son nom contre lui-même. Elles voyaient la longue suite de leurs usurpations anéantie en un instant, par la seule apparition des assemblées provinciales. Le ministre qui, ainsi que Mr. Turgot, avait répondu aux intentions du Roi, ainsi que lui se vit persécuté; lui-même il fit la faute de désespérer trop promptement du bien; il céda trop tôt à l'orage, et le Roi put lui reprocher de le laisser seul au milieu d'un ouvrage qui demandait à être suivi par l'homme avec lequel il l'avait commencé.

Funeste epoque! depuis laquelle tout a décliné. Sans doute les vertus du Roi sont restées toutes entières. Son desir d'établir la liberté publique s'est manifesté de plus en plus. Sa bienfaisance n'a pas tari, et Paris surtout est plein des traces qu'elle y a laissées.* Sa popularité s'est encore accrue, et jamais Trajan, au milieu des Romains, n'offrit un spectacle plus attendrissant que celui de Louis XVI. au milieu du peuple de Normandie en 1786. Cent fois au milieu de la pompe de Versailles on l'a entendu regretter la foule qui se pressait autour de lui sur le rivage de Cherbourg; et cent fois surement, depuis qu'il est si malheureux, il s'est demandé ce qu'il

* Anciennes et nouvelles halles, ponts, quais, hopitaux, &c.

qu'il avait donc fait, pour qu'à tant d'amour ſuccédât tant de cruauté.

Mais toute l'économie politique d'un empire tient à la partie des finances. Il eſt des circonſtances où le ſeul changement de ſyſtême eſt un ſignal de ruine et de deſtruction. Louis XVI. ne connaiſſant plus d'autre moyen de fléchir cette oppoſition implacable qui arrêtait tous ſes deſſeins, alla chercher des miniſtres au ſein du parlement, fit deux eſſais, et fut obligé d'y renoncer. L'oppoſition reparut; ces mêmes cours qui avaient eu leurs prétenſions à défendre contre le miniſtre de 1781, avaient une injure à venger contre celui de 1783, et ce dernier n'était pas même défendu par l'opinion publique contre les haines particulières. Entre la prolongation de la guerre, l'accroiſſement de la dette, deux ans de lacune dans l'adminiſtration, le défaut de confiance et la perſévérance d'obſtacles, il ne reſtait plus de reſſource au mois de Janvier 1787, que dans une grande et extraordinaire meſure.

Un exemple fut propoſé au Roi, cet exemple avait été donné par Henri IV. Louis XVI. le ſaiſit avec tranſport, et il ordonna une convocation des Notables de ſon roiaume. Ainſi à chaque pas il s'acheminait davantage vers une repréſentation nationale qui devait être le dernier terme de ſes travaux, et qui était celui de ſes déſirs. Il treſſaillait à l'idée de s'environner de

ſon

ſon peuple, délibérant avec lui ſur leur intérets communs. Perſonne n'a ignoré ce qu'il écrivit à ſon miniſtre le lendemain du jour où il avait définitivement arrêté cette première convocation : *je ne ſçais comment vous avez paſſé la nuit ; pour moi, la joye ne m'a pas permis de dormir une minute.*

On a trop oublié ce que propoſa Louis XVI. aux Notables; c'eſt là cependant que l'aſſemblée conſtituante a été chercher tous ſes plans; elle n'a changé que les moiens, et n'a ajouté que les excès. Louis XVI. par des voies douces et légales, ſans commettre une ſeule injuſtice, ſans faire un ſeul malheureux, ſans rien déſorganiſer, propoſait l'impôt territorial, en nature ou en argent, un impôt ſur le timbre, la vente d'une partie des terres du Clergé, et de tous ſes droits honorifiques; la réduction de la taille et de la gabelle; l'aliénation des domaines, en ne ſe réſervant que la ſouveraineté; la liberté du commerce des grains; des aſſemblées de provinces, de diſtricts, de paroiſſes. Le Roi réduiſait de quinze millions ſa dépenſe perſonnelle, il diminuait celle de chaque département; il ſupprimait tous les privilèges portant exemption de charges publiques, il impoſait un cinquième ſur toutes les penſions, il promettait la publicité annuelle du compte des finances.

Jamais aſſemblée ne remplit moins les eſpérances qu'on en avait concues. Individuellement on appercevait des lumières et du patriotiſme; collective-

collectivement elle n'offrait ni ensemble, ni esprit public. On attaqua la personne du ministre, au lieu de juger ses projets ; il irrita ses aggresseurs par une défense imprudente ; il fit un appel au peuple contre les ordres privilegiés, il se trouva seul contre tous. Le Roi pressé entre tous ces débats, navré d'amertume à la vüe des obstacles que rencontraient toujours ses intentions les plus pures, crut céder au cri public en formant un nouveau ministère, qui pouvait se servir des Notables, et qui se hâta de les congédier.

Citoiens, je ne suis plus séparé, que par un intervalle de quinze mois, du ministère que Louis XVI. rappella pour vous donner les états généraux ; mais ces quinze mois il faut les traverser, et je ne me dissimule pas que c'est ici que m'attendent les détracteurs du Roi. Cependant, combien il est facile de le défendre contre leurs reproches ! combien leur propre conduite fournit d'arguments contre leurs imputations ! En suivant la marche de Louis dans ces malheureuses circonstances, combien, au milieu de tout ce qui excuse, nous trouverons encore tout ce qui fait plaindre, et tout ce qui fait aimer !

D'abord, Citoiens, permettez que je porte un défi à tous ces détracteurs. Je demande qui osera me nier que le ministre, placé par le Roi à la tête des affaires au mois d'Avril 1787, n'y n'y eut été appellé depuis des années par la voix générale. Jamais administration fut-elle accueillie par plus de confiance ? jamais tant de malheurs furent-ils précédés de tant d'espérances ? Ainsi le choix que fit Louis à cette époque, était encore un hommage rendu à l'opinion publique, encore une preuve de sa déférence pour le vœu de son peuple. En vérité ceux qui, depuis deux ans, ont donné, ont retiré leur confiance à tant de généraux, à tant de ministres, à tant d'orateurs, doivent concevoir combien l'homme qui gouverne est aisément trompé dans ses choix, et peut-être n'ont-ils pas eû, ainsi que Louis XVI, l'erreur de la France pour excuse de leur erreur.

Secondement. Qu'elle était, à cette époque, la position de Louis XVI ? il marchait à un nouvel ordre de choses. Il rencontrait à chaque pas la ligue des vieux préjugés et des intérets personnels. On lui enlevait tous ceux qui avaient sa confiance, et qui travaillaient selon son cœur. On suspendait l'action du gouvernement. L'état périclitait. De nouveaux conseillers arrivent. Ils disent au Roi, que " l'empire est attaqué mortellement ; qu'une crise peut encore le sauver ; " mais que dans ce passage de la mort à la vie, " des remèdes extrêmes sont nécessaires ; que " son but est la liberté, mais que son moyen est " la puissance ; qu'il faut faire un dernier emploi

de

" de l'autorité abfolue, pour lui fubftituer une " autorité légale ; et qu'enfin' la rigueur fervira " ceux là même qu'elle frappera, parce qu'elle " les empêchera de périr." Combien de fois n'a-t-on pas dit à cette tribune, depuis trois ans, combien de fois les accufateurs de Louis XVI. n'y ont-ils pas répété " qu'il était des circon-" ftances qui s'élevaient au deffus des règles ordi-" naires ; que ce qui ferait injufte et dangereux " comme mefure habituelle, devenait falutaire et " jufte comme mefure révolutionnaire, &c. ?" Comparez les différentes applications qui ont été faites de ces principes, et par les confeillers de Louis XVI. en 1788, et depuis trois ans par fes détracteurs. Comparez, puifque le malheur l'a condamné à fubir un tel parallèle, les actes de févérité que les uns ont excufé, les actes de férocité que les autres prétendent juftifier par ces mêmes principes ; et voyez comment vos orateurs s'y prendront pour reconnaître dans leurs chefs révolutionnaires des hommes juftes, et pour ne pas reconnaître, en même tems, dans Louis XVI. les plus clément des Souverains, même pendant ces quinze mois qui ont tant couté à fon cœur.

Troisiemement enfin, qui font ceux fur qui frappaient alors les rigueurs miniftérielles ? Des parlements qui tous s'étaient conftitués en guerre avec le gouvernement, et dont plufieurs ſoulevaient les peuples par leurs arrêté incendiaires; quelques gentilhommes qui furent répréſentés au Roi comme les ennemis du trône et du peuple ; quelques officiers qui paſſaient pour donner aux ſoldats l'exemple au moins de l'inſubordination et de la déſobéiſſance. Eh ! mais ces parlements, ces gentils-hommes, ces officiers, ce ſont ceux que vous pourſuivez aujourd'hui, accuſateurs de Louis XVI ! ceux que vous avez pillés, incendiés, dévoués à l'exil, à la miſère, à la mort ! Apparemment que vous ne prétendez pas les venger, vous qui les immolez ? Apparemment que vous ne prétendez pas les conſoler d'un exil paſſager dans leurs terres, en leur enlevant ces terres ? les dédommager d'une captivité de quelques jours, en leur défendant à jamais de rentrer dans leur patrie ſous peine de mort ? s'ils ont été coupables, pourquoi faire un crime à Louis XVI. de leur punition ? s'ils ont bien mérité de leur pays, pourquoi les en chaſſer eux et leur poſtérité ?

Ainsi s'évanouiſſent devant le plus ſimple examen les nuages que cette adminiſtration ephémère paraiſſait avoir jettés ſur le caractère perſonnel du Roi. Il y a été malheureux, mais il y eſt reſté pur. Du milieu des orages il appa-raiſſait encore à ſes peuples avec de nouveaux bienfaits. Il annonça et exécuta de grandes réformes. Il rendit à pluſieurs provinces leurs an-

 ciens

ciens états. Il consacra solemnellement le grand principe que *la Nation ne pouvait pas être imposée sans son consentement.* Il publia l'édit de la tolérance religieuse, qui fut apprécié par la saine partie des Français comme il devait l'être, mais qui fit encore trop de fanatiques et trop d'ingrats.

CITOIENS, nous avançons, et bientôt les états généraux vont s'ouvrir à nos regards. Le parlement les avait demandés, le ministère les avait promis. On se méfiait également et de la sincérité de la demande, et de la sincérité de la promesse. Mais savez-vous qui, depuis longtemps, avait nouri dans son cœur le desir ardent de cette convocation? LOUIS XVI, oui, Citoiens, LOUIS XVI, qui chaque jour en puisait l'idée dans les manuscrits sacrés d'un père, enlevé aux Français comme Germanicus l'avait été aux Romains; Louis XVI, qui chaque jour étudiait les moiens de vous rendre heureux, qui chaque jour consacrait des heures entières à la lecture, qui avait lu des longtemps *les Observations de Mably sur l'Histoire de France*, et qui, après les avoir lues, avait dit à un serviteur fidéle*, en lui serrant la main: *Mably a raison et j'oserais faire ce que Charlemagne a fait; mais la Nation n'y est pas encore assez préparée.*

LE voilà révélé le noble secret de cette ame bonne et généreuse. Ah! que les ennemis de la liberté le haïssent, il a mérité leur haine, et je ne

* M. de Montmorin.

ne pourrais pas le défendre contre eux. Voilà le but de cette éducation politique par laquelle depuis longtemps il formait sa nation. C'est à cette grande et universelle assemblée que devaient conduire ces assemblées particulières où il voulait que tous les ordres de citoiens se connûssent, se chérissent, et s'essayâssent à discuter leurs affaires communes, sans autre passion que celle du bien public. C'était une participation de sa puissance, c'était un décroissement de son autorité qu'il méditait. Elle lui paroissait trop accablante pour sa conscience, trop vaste pour qu'on n'en abusât pas en son nom. Sans doute il eût désiré, pour arriver à ce complément de sa bienfaisance, un moment plus calme, des finances plus prospères, des esprits moins divisés ; mais ce qu'il avait médité comme amélioration, il l'ordonna comme remède. Le nom d'états generaux une fois prononcé, il sentit qu'aucun autre mesure n'était plus possible, Fatigué d'une lutte de quinze ans contre ceux qui voulaient empêcher le bien, il fut impatient de se reposer dans le sein de son peuple. Il ne vit plus que son peuple. Louis XII. avait dit, que *le roi de France ne devait pas se souvenir des injures du duc d'Orléans.* Louis XVI. croiant ajouter à sa grandeur tout ce qu'il voulaït céder de sa puissance, jugea *que le roi d'une nation libre ne devait pas se souvenir des injures du roi absolu.* Tous les exilés revinrent, toutes les prisons s'ouvrirent;

s'ouvrirent ; il rappella le miniftre que demandait le peuple, il exauça les vœux du peuple ; il fe confia aux promeffes du peuple, il doubla la repréfentation du peuple.

Ils s'ouvrent, enfin, ces états généraux également défirés par les bons et par les méchants, qui promettaient aux uns tant de moiens de falut, aux autres tant de fujets de difcorde, tant de chances à l'ambition, tant d'appâts à la cupidité.

Ils s'ouvrent, et dans le premier inftant Louis fe crut récompenfé. Un fentiment général parait réunir tous les cœurs. Le temple où il invoquait l'Etre fuprême retentit tout-à-coup de bénedictions pour le Roi. Les flots d'un peuple reconnaiffant le conduifent, avec les mêmes acclamations, au trône, du haut duquel il va donner l'exiftence à cette fameufe affemblée : et lorfqu'avec un fon de voix qui annonçait l'émotion de fon ame, il protefte qu'il eft *le meilleur ami de fon peuple,* fon peuple lui répond par un cri qui lui difait : *Nous le croions, et nous vous le rendons.*

Mais à-peine eft-il difparu, que la paix s'eft enfuie avec lui. On fe divife, on s'aigrit, on fe menace ; la guerre eft entre les différens ordres de Citoyens. La politique prefcrivait peut-être à l'homme d'état, de fe ranger entièrement avec le parti le plus fort, foit âfin de fe maintenir foi-même au milieu de l'ébranlement général, soit pour acquérir les moiens de tempérer les vainqueurs, et de protéger les vaincus. Mais le Roi consciencieux croit se devoir également à tous ses sujets ; il s'efforce de tenir la balance égale entre eux, de les réconcilier l'un avec l'autre ; il n'oublie que lui. Citoiens, il est tems que chacun descende en lui-même, il est tems que chacun se l'avoue : si le desir de la paix, si le zêle exclusif du bien public, si l'oubli généreux de tout intéret personnel, étaient quelque part, c'était dans le cœur de Louis XVI.

CEPENDANT la voix de la persuasion est sans effet. Il faut prêter à la bienfaisance l'appui du pouvoir. Depuis deux mois les états généraux existaient, et ils n'étaient pas encore constitués. Le Roi devait-il demeurer spectateur indifférent de leur discorde et de leur inutilité ?

CITOYENS, il est des superstitions politiques comme il est des superstitions religieuses, et il faut souffrir que la vérité dissipe les uns et les autres. Une tradition verbale, des hymnes, des tableaux ont consacré la *séance du jeu de Paulme*. Je respecte le mouvement de tous ceux qui agités de bonne foi par une crainte, même chimérique, pour la liberté, prêtèrent le serment de ne pas se séparer quelle n'eût été établie. Mais ce serment si noble en lui-même, pourquoi l'environner de mensonges et le souiller de calomnies ?

Eh

Eh quoi ! le Roi, après des meſſages inutiles pour inſpirer la paix aux ordres diviſés, a réſolu de faire entendre au milieu d'eux ſa voix médiatrice, comme il ſe pratiquait dans les anciens Champs de Mars,* il proclame que dans deux jours il tiendra ſa ſéance royale, il en inſtruit officiellement les états généraux ; cette ſéance néceſſite des préparatifs dans la ſalle des communes, qui eſt la ſalle générale ; on avertit qu'elle ſera fermée pour deux jours ; une ſentinelle eſt placée à la porte, pour ne laiſſer entrer que les ouvriers : voilà le fait dans toute ſon exactitude ; et c'eſt là, qu'on veut voir un acte de deſpotiſme ! c'eſt de là qu'on part pour peindre l'Aſſemblée Nationale chaſſée par des fuſiliers du lieu de ſes ſéances, et obligée de mendier un azile ! il a fallu, même dans la chaleur des événemens, une imagination bien ſuſceptible des exagérations de la terreur, pour ſe prêter à de tels tableaux : mais aujourd'hui, en vérité, il n'était plus permis à votre commiſſion des Vingt-un, de trouver encore dans un fait ſi minutieux et ſi ſimple, la preuve que *Louis Seize voulait aſſervir l'Aſſemblée Nationale, la ſubjuguer, et ſuſpendre le cours de ſes délibérations*.†

Il ne lui était pas plus permis de parler de *deuil*, de *conſternation*, de *calamité publique*, d'*appareil me-*

çant

* Hicmar.

† Rapport de Lindet.

çant du despotisme en décrivant, ou plutôt en défigurant cette séance roiale du 23 Juin 1789. Quel *despotisme* que l'engagement formel de ne jamais lever un impôt qui ne fut consenti par la nation, de ne jamais faire une loi qui ne fut concertée avec la nation, de ne jamais infliger une peine qui n'eût été déterminée par la nation! quelle *calamité* que l'abolition du droit de franc-fief, de toutes les corvées, de tous les ordres arbitraires! quelle *menace*, et c'était là la plus forte, que de dire, *je ferai seul vôtre bien, si vous ne voulez pas le faire avec moi!* Que le plan, qui d'abord avait été arrêté par Louis XVI. ait été mutilé dans quelques unes de ses parties, la vielle de son exécution; qu'au milieu des concessions immenses qui appartenaient au cœur du Roi, ses conseillers aient mêlé quelques formules gothiques, quelques expressions mal-habiles, aux quelles moi-même, j'ai peut-être à me reprocher d'avoir attaché trop d'importance; toujours est-il vrai que la chartre apportée par le Roi était remplie de dispositions de justice et de bienfaisance, et que si elle ne pouvait pas sous tous les rapports servir de base au gouvernement à établir, sous tous les rapports elle conduisait à la liberté, et méritait la reconnaissance. Je vous l'ai dit: vous trouverez difficilement un bien à vous faire, auquel Louis XVI. n'ait pas songé avant vous. Ce qu'il n'a pas fini, il l'a commencé, et

vous

vous n'avez fait que l'imiter toutes les fois que vous avez réellement amélioré votre sort.

On vous a dit que le lendemain de cette séance *Louis XVI. fit environner de soldats toutes les avenues de la salle**. Mais on aurait du vous rappeller en même tems qu'une troupe de séditieux avait insulté une portion des députés, violé leur caractère, et menacé leur vie ; que l'archevèque de Paris avait été lapidé par une portion de ce peuple qu'il défendait du froid et de la faim ; qu'ainsi les représentants de la nation, *en passant à travers les bayonnettes*, pour arriver à leur salle, passaient à travers les défenseurs de leurs personnes et de leur liberté.

L'appel de quelques troupes aux environs de la capitale pouvait paraitre imprudent : on vous l'a peint comme criminel. On ne vous a pas rappellé que des feux de joye avaient été allumés dans toute la France pour célébrer la réunion des ordres, et que cette réunion c'était Louis qui l'avait consommée. On ne vous a pas rappellé que plus le Roi faisait d'efforts pour maintenir la paix, et plus les conspirateurs redoublaient d'activité pour exciter le trouble ; que quand les troupes ont été mandées une insurrection, également condamnée et par le Roi, et par l'assemblée nationale†, et par les citoiens de Paris‡, avait déjà éclaté ;

* Lindet. † Procès verbaux.

‡ Députation des Electeurs.

éclaté ; que les prifons de l'Abbaye avaient été forcées, qu'on débauchait les foldats, qu'on fubornait la claffe indigente du peuple ; qu'enfin ce repaire de diffolution, de brigandage et d'affaffinats, qu'on appellait alors à Paris *Le Palais Roial*, avait commencé à recueillir tout ce qu'il y avait en Europe, d'hommes fans mœurs, fans confcience, et fans humanité ; et que là ils tramaient leurs complots pour jetter la France dans l'abyme où elle eft encore plongée. Non, ce n'eft pas contre Louis XVI. que doit fe porter l'indignation, au fouvenir de cette fatale époque. Seul, dans la France entière, invefti du pouvoir exécutif, feul protecteur et confervateur de la paix publique, Louis XVI. eût été coupable de ne faire aucun effort pour la maintenir. On eut pu prendre des mefures plus fages et plus efficaces ; mais n'en prendre aucune était de toutes les fautes la plus grande. Citoiens, fongez que la faction qui voulait alors renverfer Louis XVI, eft la même qui voudra renverfer fucceffivement toutes les autorités, jufqu'à ce que la fienne foit établie.

On a invoqué contre Louis XVI. *l'adreffe célèbre* qui lui fut préfentée alors par l'Affemblée Nationale. Ah ! je l'invoque à mon tour. J'étais impatient de la tenir ; j'étais impatient d'en lire avec vous quelques paffages. Ecoutez, accufateurs de Louis XVI. On fait quel a été l'auteur

 de

de cette adreſſe. Nul homme ne fut jamais plus attentif à ſaiſir l'opinion générale du moment; plus habile à graduer ſa marche; ſachant mieux ne hazarder une imputation, que quand les eſprits étaient préparés à la recevoir, et ſe réſigner même à dire la vérité, toutes les fois qu'il n'était pas poſſible de la taîre. Ce qu'il craignait dans l'approche des troupes, c'était un frein aux complots; il ſavait bien que Louis XVI. n'avait voulu que maintenir l'ordre public par la préſence de la force publique; il ne croiait pas que l'on pût encore riſquer de lui ſuppoſer des intentions coupables; il n'attribuait donc la réſolution du Roi qu'à ſes ſollicitudes, et il cherchait à les calmer. Mais que diſait-il pour y parvenir? Quel motif de ſécurité offrait-il à Louis XVI? LA PURETE DE SA VIE, LA DOUCEUR DE SON REGNE, *et* LA RECONNAISSANCE DE SON PEUPLE.—*Eh! comment s'y prend-on, Sire,* diſait-il, *pour vous faire douter de l'attachement et de l'amour de vos ſujets? avez-vous prodigué leur ſang? êtes vous cruel, implacable? avez-vous abuſé de la juſtice? le peuple vous impute-t-il ſes malheurs? vous nomme-t-il dans ſes calamités? ont-ils pu vous dire que le peuple eſt impatient de votre joug, qu'il eſt las du ſceptre des Bourbons? Non, non, ils ne l'ont pas fait. La calomnie, dumoins, n'eſt pas abſurde, elle cherche un peu de vraiſemblance pour colorer ſes noirceurs.*—*Nous nous demandons,* diſait-il encore, *où ſont les ennemis de l'Etat et du Roi,*

 qu'il

qu'il faut subjuguer ? où sont les rebelles et les ligueurs qu'il faut réduire ? Une voix unanime répond dans la Capitale, et dans l'étendue du Roiaume : " NOUS " CHERISSONS NOTRE ROI ; NOUS BENISSONS LE " CIEL DU DON QU'IL NOUS A FAIT DANS SON " AMOUR."

AH! sans doute c'est un spectacle effrayant pour l'humanité, mais précieux pour l'innocence, que de voir les ennemis de Louis XVI. obligés de rendre hommage à ses vertus, pour ouvrir un accés à leurs calomnies ; forcés de paraître l'aimer, pour s'introduire dans les cœurs dont ils voulaient le faire haïr ; minant insensiblement et cette vérité qu'il leur avait fallu reconnaitre, et ce respect qu'ils avaient feint de partager ; familiarisant le peuple par dégrés avec l'injustice, avec l'ingratitude, avec l'inhumanité ; et, de progrés en progrés, arrivant des bénédictions qui couvraient le nom de Louis XVI. en 1789, aux blasphèmes et aux cris de fureur qui ont demandé son supplice en 1792.

LA révolution ministérielle du 11 Juillet 1789, fut bien plus imprudente que l'appel des troupes, parceque ces deux circonstances s'aggravèrent l'une par l'autre ; qu'elles ouvrirent un champ sans bornes à toutes les conjectures, et que la seule mesure des interprétations fut le caractère de ceux qui interprétaient. Vous voyez, Citoiens, si la franchise préside à ma défense.

MAIS

Mais que cette même franchiſe ſoit dans vos jugements ; et dites ſi jamais Roi fut perſonnellement plus innocent d'une meſure, fut plus évidemment entrainé par une impulſion étrangère, que ne le fut Louis XVI. dans cette circonſtance. L'unanimité dans ſon conſeil ſuffiſait à peine pour faire face à des conjonctures ſi difficiles, et le conſeil était diviſé entre deux partis. L'un était certainement trop ombrageux, l'autre était peut-être trop confiant. Tous deux invoquaient l'intéret du peuple, car c'était là le ſeul qui pût determiner le Roi : mais les uns ſoutenaient que la fermeté ſeule pouvait ſauver le peuple, les autres penſaient que la perſuaſion ſeule pouvait le contenir. Le premier parti était de beaucoup le plus nombreux. On lui avait fourni un puiſſant argument, car déja on avait abuſé de la confiance. Le Roi céda après un mois de réſiſtance. Votre comité des Vingt-un n'a pas craint de lui ſuppoſer *la réſolution de réprimer les élans de la liberté par la terreur des armes, d'iſoler l'aſſemblée, et de diriger ſes délibérations par l'appareil de la force et du deſpotiſme**. Il n'a pas craint de citer en témoignage, et c'eſt le ſeul qu'il produiſe, *les trois miniſtres que Louis renvoya*, dit-il, *pour s'être oppoſés à ces meſures violentes.* Eh bien ! l'un de ces trois miniſtres, celui dont le témoignage aura un grand poids dans la balance de la poſtérité, a déjà répondu

* Rapport de Lindet.

pondu à votre comité; il lui a répondu * que *Louis XVI. n'avait jamais uſurpé les droits de la nation, et avait toujours préparé ſa liberté.* Il lui a répondu: *que jamais monarque n'avait ſait de lui-même de pareils ſacrifices de ſon autorité à l'établiſſement de la liberté publique.* Il lui a répondu: *qu'il n'avait jamais ſurpris, dans ce monarque ſi cruellement traité, un ſeul mouvement - - - une ſeule penſée - - - un ſeul ſentiment - - - qui ne fuſſent conformes aux loix de la morale et de l'honneur.* Un autre de ces miniſtres † ſera la même réponſe, et je me porte ſon garant, ſi la même accuſation lui parvient dans ſa retraite lointaine. Et quant au troiſième‡, l'infortuné! vainement on remue ſa cendre ſanglante, pour la faire dépoſer contre Louis XVI. elle n'accuſe que ceux qui ont maſſacré en lui l'ami de Louis XVI.

Enfin, quelle a été l'iſſue de toutes ces meſures tant calomniées? car il faut en revenir aux faits. *On n'a jamais pu obtenir de lui l'ordre de repouſſer la force par la force*, diſait, après le 14 Juillet, un des officiers généraux qui commandaient les troupes. Louis XVI. eſt jugé par ce ſeul mot. Ses droits les plus légitimes, il eut cru les payer trop, s'il les eut achetés d'une ſeule goutte

* Réflexions préſentées à la nation Françaiſe, par Mr. Necker.

† Mr. de St. Prieſt.

‡ Mr. de Montmorin.

goutte du ſang Français. Voilà, depuis le commencement juſqu'à la fin, le ſentiment qui l'a dominé ; il a eu horreur de la guerre civile ; il a laiſſé prendre ſes cidatelles et ſes arſenaux ; il a renvoié ſes troupes, dont la plus grande partie lui était encore devouée. Il eſt venu dire à l'Aſſemblée Nationale : *je me ſie à vous, aidez-moi à ſauver l'état**. L'Aſſemblée Nationale entière, entrainée par un mouvement irréſiſtible, l'a porté en triomphe juſqu'à ſon palais. J'ai vu ce jour là des larmes de remord, je les ai vues. J'ai vu à mes côtés de grands coupables, domptés par les vertus de Louis XVI. et qui, s'ils avaient été laiſſés à eux-mêmes, feraient rentrés dans la route du devoir.

J'AI vû, deux jours après, le Roi venant courageuſement ſe livrer ſeul à la merci de deux cent mille hommes armés, et tachant de vaincre une méfiance calomnieuſe à force d'abandon et de généroſité. J'ai vu le peuple convaincu, lorſqu'avec un ſeul mot, avec un ſeul geſte, dans lequel avaient paſſé toute la bonté de ſon ame, et toute la candeur de ſon caractère, Louis XVI. renia juſqu'à l'idée d'avoir voulu ſaire la guerre à la Capitale. J'ai entendu les acclamations et les ſerments par leſquels le peuple lui répondit alors. J'ai vu l'impreſſion que produiſait ſur l'Aſſemblée Nationale

* Diſcours du 15 Juillet, 1789.

Nationale le récit de cette journée. Oh! qu'il eſt des hommes coupables! oui, la paix a pu exiſter entre le Roi et l'Aſſemblée Nationale. Dix fois je l'ai vue au moment de rénaitre, dix fois je l'ai vu commencer, on n'a pas voulu qu'elle ſubſiſtât. Il fallait que les uns fûſſent miniſtres, et ils ne pouvaient l'être qu'en excitant des troubles, et en ſe rendant nécéſſaires pour les appaiſer. Il fallait que les autres fûſſent dictateurs, et ils ne pouvaient l'être tant qu'il exiſterait un Roi. Il en eſt qui portaient encore plus haut leurs coupables deſirs, et à qui il importait peu de faire un déſert de la moitié de la France, pourvû qu'ils dominâſſent ſur l'autre moitié. Tous ſe riaient au fond de leur cœur de la crédulité de ce peuple, auquel ils prodiguaient les expreſſions d'un faux reſpect, tandis qu'ils en faiſaient le jouet de leurs caprices, l'échelon de leur grandeur, et la victime de leurs paſſions. L'infortuné Louis XVI. ſe réſignait à ſes malheurs perſonnels, pourvû que les Français fûſſent heureux; et ſes ennemis comptaient pour rien de rendre malheureux des millions de Français, pourvû qu'à ce prix pût proſpérer leur ſacrilege ambition.

Citoiens, n'eſt ce pas un inconcevable contraſte, que l'aſſemblée conſtituante proclamant d'une voix unanime, le 4 Août 1789, *le Roi Louis XVI. Reſtaurateur de la Liberté Françaiſe*; et votre commiſſion des Vingt-un proclamant, le 10 Décembre

cembre 1792, *le ci-devant Roi Louis XVI. un Tyran, constamment appliqué à empêcher, puis à anéantir la Liberté**.

J'ETAIS curieux de voir comment l'orateur de ce comité échapperait à ces obſervations ſi ſages et ſi paternelles de Louis XVI. ſur les arrêtés de cette fameuſe nuit du 4 Août. Vraiment! il a bien plus ſait que d'en diſſimuler le mérite, il a ſçu y trouver un crime, il y a encore vu un preuve de *tyrannie*. Il faut, Citoiens, que vous me permettiez de citer le texte même de l'accuſateur.

LOUIS, dit l'orateur des Vingt-un, *avait obtenu par le décret du* 12 *Septembre* (1789) *le droit de ſanctionner les loix, il s'empreſſa d'uſer de ce pouvoir, et il ſuſpendit le* 11 *Août les décrets concernant l'abolition de la ſervitude perſonnelle, du régime féodal, des dimes, &c. Le* 13 *il addreſſa les motiſs de ce refus; il n'ignorait cependant pas que ces décrets avaient été* DICTES *à l'aſſemblée conſtituante par la volonté générale, qui s'était manifeſtée dans toutes les ſections du peuple,* PAR TOUS LES CAHIERS.

OH! c'eſt moi maintenant, qui dénonce tout-à-la-fois cette accuſation, et à la convention nationale et au peuple, que l'on a également trompés en la leur préſentant.

ACCUSA-

* Rapport de Lindet.

Accusateur de Louis XVI. c'eſt à vous ſeul que je parle. Louis XVI. a donc *ſuſpendu*, ſuivant votre première allégation, *refuſé*, ſuivant la ſeconde, les décrets concernant la ſervitude perſonnelle et les dîmes? Et vous vous êtes bien gardé, en mettant en fait l'exiſtence du refus, d'en diſtinguer l'objet, d'en expliquer les motifs, d'en indiquer les bornes. Vous avez bien calculé que vous alliez irriter le peuple qui vous entendait, par l'idée d'un *refus* qui manifeſterait à ſes yeux le *tyran* que vous lui dénonciez, le *tyran* ami de la ſervitude perſonnelle; le *tyran* protecteur des impôts vexatoires.

Peuple! Louis XVI. dès le premier inſtant où l'abolition de la ſervitude perſonnelle a été décrétée, a applaudi au décret, il l'avait prévenu, vous avez vu qu'il en avait donné l'exemple.

Peuple! Louis XVI. a auſſi promptement approuvé l'abolition de la dîme, mais il a demandé que tout le peuple en profitât. Il a obſervé qu'il n'était pas juſte que les poſſeſſeurs de terres fuſſent ſeuls déchargés, et qu'il réſultât de leur ſoulagement un ſurcroît d'impots pour le reſte de la nation.

Peuple! Louis XVI, quand on lui a porté la ſuite des quinze décrets rendus depuis le 4 juſqu'au 11 Août, en a approuvé huit ſur le champ; n'a pas *refuſé*, mais a promis au contraire d'approuver les ſept autres; a propoſé à l'Aſſemblée

K Nationale

Nationale quelques modifications, toutes pour votre interêt, pour votre navigation, pour votre commerce, et ſurtout pour que, dans le bénéfice de ces nouvelles loix, la part des pauvres fût au moins égale à celle des riches. Il a fini par dire à l'Aſſemblée : *je modifierai mes opinions, j'y renoncerai même ſans peine, ſi vos obſervations m'y engagent.* L'Aſſemblée a inſiſté pour que le Roi *y renonçât.* Dès le lendemain le Roi a ordonné la promulgation des quinze décrets. Peuple ! voilà les faits ; comparez les avec ceux qui vous ont été préſentés, et jugez les dénonciateurs de Louis XVI.

J'EN viens à la logique de cette accuſation, car il faut qu'il y en ait une appréciée ſous tous ſes rapports.

ACCUSATEUR de Louis XVI. vous portez donc à ſa charge, *qu'ayant obtenu par le décret du* 12 *Sept. le droit de ſanctionner les loix, il s'empreſſa d'uſer de ce pouvoir ?* Mais dès que ce pouvoir lui avait été donné par un décret, où donc eſt le crime d'en avoir uſé ? Le crime ne ferait-il pas plutôt à ceux qui ont enfreint la loi de la ſanction roiale, le lendemain du jour où ils l'avaient portée ?

ACCUSATEUR de Louis XVI. vous dites que ſon crime conſiſtait à ſuſpendre et à refuſer *des décrets* DICTES A L'ASSEMBLEE CONSTITUANTE *par la volonté générale, manifeſtée dans toutes les ſections du peuple* PAR TOUS LES CAHIERS ! Avez-vous

bien

bien ſongé à la conſéquence de ces paroles, quand vous les profériez ? Quoi ! *la volonté générale maniſeſtée par tous les cahiers* devait *dicter à l'Aſſemblée conſtituante ſes décrets ?* Quoi ! c'était un crime de s'y *refuſer ?* Eh ! mais ouvrez *tous les cahiers*, ouvrez le livre de *décrets de l'Aſſemblée conſtituante*, et d'après votre principe, dites ſi vous pouvez voir, ſans frémir, tout ce qu'a fait l'Aſſemblée conſtituante, et tout ce qu'elle a produit.

L'UNANIMITE DES CAHIERS ! Etait-ce dans la tour du Temple qu'elle avait fixé la demeure de Louis XVI ? Etait ce à la barre qu'elle avait marqué ſa place dans les Aſſemblées Nationales ? - - -

JE reprends mon récit. Je viens de mettre dans tout ſon jour, et ſous le rapport de la morale, et ſous celui de la raiſon, le caractère de l'accuſation portée contre Louis XVI. par la commiſſion des Vingt-un. Je me crois diſpenſé de ſuivre déſormais l'accuſateur, ce qu'il a ſi improprement appellé ſon *Hiſtorique*, et laiſſant là ce tiſſu de fables incohérentes, je ne marcherai plus qu'avec la vérité.

T OIENS, vous venez de voir Louis XVI. ſe défendant de ſanctionner des décrets qui pouvaient compromettre les intérêts du peuple ; voiez le provoquant lui-même ceux qui doivent reſtraindre la prérogative de ſa couronne. Une grande queſtion s'agitait avec chaleur : la ſanction roiale ſera-t-elle toujours libre ? l'inſtant viendra-t-il où le le Roi ne poura la refuser? Il était presque vrai-semblable que la question serait décidée en faveur du trône. Mais les partisans de l'opinion contraire menacent de la guerre civile, s'ils sont vaincus dans la délibération. Le Roi intervient pour solliciter des bornes à son pouvoir, et le sacrifice de ses droits à la paix publique*.

Et tant de déférence n'a pu obtenir quelques égards! tant de générosité n'a pu inspirer quelque justice! Un régiment sollicité par la municipalité de Versailles pour sa propre sureté, accordé par l'Assemblée Nationale avant de l'être par le Roi, a paru une armée qui allait asservir la France! Un repas militaire donné par les gardes du corps à ce régiment, et aux gardes nationaux, a été peint des mêmes couleurs qu'un rendez-vous de conspirateurs! Enfin les jours du 5 et du 6 Octobre se sont levés sur la France.

Citoiens, je ne veux point examiner ce qu'ont fait dans ces jours terribles, et dans cette nuit désastreuse, les ennemis de Louis XVI. Mais je cherche ce qu'il a fait lui-même, et voici ce que je trouve. Le matin en rentrant dans son palais, il a ordonné qu'on ne fit aucun mal à la multitude, et surtout aux femmes. L'après-midi il a reçu dans son intérieur plusieurs de ces femmes, a écouté leur plaintes, leur a fait donner des secours et fournir du pain. Il a sçu que l'armée Pari-

* 11 Septembre 1789.

Parifienne marchait fur Verfailles, et il s'eft refufé aux confeils réitérés de fe retirer dans quelque ville du roiaume. Quelques fois il difait avec une noble indignation : *un Roi fugitif!* Plus fouvent il s'écriait avec horreur : *un commencement de guerre civile!* Les Parifiens pouvaient être arrêtés au Pont de Sévres, il n'a pas voulu qu'on engageât de combat. Ses gardes brulaient de le venger, il leur a défendu de tirer. L'Affemblée lui a envoié les premiers articles de la conftitution à figner, et il les a fignés au milieu des fufils et des piques. Il a reçu l'armée Parifienne, et l'armée a obtenu ce qu'elle demandait. Arraché à fon fommeil par des cris de mort, il a couru par des détours fecrets chercher fon fils, il l'a emporté chez lui dans fes bras, et en rentrant il a vu fa femme à-demi-nue, qui avait échappé de quelques minutes aux poignards, et qui venait fe réfugier dans fon fein. Il a appris le maffacre de fes gardes, et pleurant fur ces héros qui fe laiffaient immoler par fes ordres fans fe défendre, il a paru à fon balcon, et a demandé grace pour eux. Il s'eft laiffé conduire à Paris, s'eft entendu dire patiemment *qu'il était conquis*, a parlé non pas avec abbattement, mais avec courage et bonté à l'hotel de ville, eft venu enfin s'enfermer dans l'afyle, d'où l'on devait encore venir l'arracher.

LA

Le lendemain il a ſçu qu'on voulait ſoulever en ſa faveur pluſieurs provinces contre la Capitale et contre l'Aſſemblée. Il n'a pas tardé à apprendre que quelques unes étaient ſur le point de ſe déclarer. Il n'a plus vu que la tranquillité générale; il n'a pas voulu être la cauſe d'une ſciſſion en France; il a oublié toutes les injures; il s'eſt interdit toutes les plaintes (la vengeance, il n'y a pas encore ſongé aujourd'hui); il a fait une proclamation pour pacifier les provinces; il a annoncé *qu'il les viſiterait toutes*, comme s'il en était le maître! il a dit qu'il était libre! il a imploré tout le roiaume pour Paris, d'où chaque jour on le dénonçait à tout le roiaume.

Citoiens, j'abrége les éloges, c'eſt-à-dire l'hiſtoire de Louis XVI. Si vous voulez ſavoir quelles furent dans Paris et les conſolations de ſes peines, et les occupations de ſa vie, demandez le aux adminiſtrateurs avec leſquels il préſervait la France des horreurs de la diſette, aux ouvriers pour qui ſa bonté devenait le remplacement du travail, aux miniſtres étrangers qui tranſmettaient ſans ceſſe à leurs Souverains ſes vœux pour la paix, et pour tout ce qui intéreſſait au-dehors la proſpérité des Français. Je me hâte d'arriver au 4 Févrieri 790.

Les Repréſentants du peuple délibéraient. Le Roi parait inopinément au milieu d'eux, on s'étonne, on écoute - - - - Il vient remercier ſolemnellelemnellement l'Assemblée de l'établissement des administrations provinciales, dont il avait si anciennement conçu le projet et reconnu l'avantage. Il vient s'engager à maintenir et à défendre la liberté constitutionnelle. Il invite les différents partis à se rapprocher, les citoiens honnêtes et éclairés à prendre part aux nouvelles administrations, tous les vrais citoiens à attendre du tems la réforme des loix défectueuses, et à repousser toute entreprise qui tendrait à ébranler les principes de la constitution. Il annonce à la France que son Roi et ses réprésentants sont désormais unis d'un même intéret et d'un même vœu. Il conjure au nom de la patrie les violences criminelles qui menaçent encore les provinces, il demande enfin que tout se réunisse pour conduire le peuple à la vérité en même tems qu'au bonheur; *ce peuple*, s'écrie-t-il, *qui m'est si chèr, et dont on m'assure que je suis aimé, quand on veut me consoler de mes peines* - - - - La plus grande partie de l'Assemblée, tout le peuple qui l'environnait, sont saisis d'enthousiasme; une immense et solemnelle députation va porter au Monarque dans son palais le tribut de la reconnaissance publique. Sa démarche est une *bonne nouvelle* qu'on annonce légalement dans tout l'empire. L'espoir de l'union renait encore - - - - Hèlas! peu de jours s'étaient écoulés, et le discours du Roi était gravé sur l'airain, mais effacé dans les cœurs.

LES

Les troubles ſe multipliaient ; en deux mois et demi, depuis le premier Mai juſqu'au 14 Juillet, on comptait trente et une ſeditions dénoncées à l'Aſſemblée Nationale. Pluſieurs avaient été enſanglantées, pluſieurs s'étaient étendues ſur des provinces entières, qu'elles devaient déſoler longtems. Cependant Louis XVI. était fidèle à ſes engagements, il établiſſait par ſes commiſſaires les départements créés par l'Aſſemblée Nationale. Quelquefois il domptait encore l'injuſtice à force de probité. Ainſi lorſqu'une rupture s'annonçait entre l'Angleterre et l'Eſpagne, rupture ſi précieuſe pour le Roi, s'il eut voulu une contre-révolution, l'Aſſemblée le remerciait par un décret *des meſures qu'il avait priſes pour le maintien de la paix**. Ainſi à la vue d'une proclamation envoiée par Louis XVI. dans tous les départements, cette même Aſſemblée le remerciait par un autre décret plus ſolemnel encore. Pour ce dernier, il faut le lire tout entier - - - Citoiens, je réclame votre attention.

" Extrait des procès verbaux de
" l'Aſſemblée Nationale,
" 29 Mai 1790.

" L'Assemblee Nationale décrète, qu'il ſera
" fait une députation au Roi, compoſée de vingt
" quatre de ſes membres, pour rapporter à Sa
" Majeſté les mouvements de *joye*, d'*attendriſſement*,
" d'*amour*, et de *gratitude*, qu'a excités la lecture
" de

* 19 Mai 1790.

" de sa proclamation ; et la remercier, au nom de " la nation, des soins qu'elle prend, dans sa sollicitude paternelle, pour détourner le peuple des " insinuations perfides que l'on employe pour l'égarer, et resserrer de plus en plus les nœuds " saints qui unissent les Français libres à leur " Monarque chéri."

Ainsi c'était le Roi qui n'avait pas voulu la guerre, et c'était le Roi qui plaidait auprès du peuple pour l'Assemblée nationale.

On projette la fedération du 14 Juillet. Le Roi l'autorise, donne ses ordres pour son exécution, et l'Assemblée lui décerne encore des remerciments*.

Citoiens, vous l'avez vue cette fedération : vous avez vu les députés de toutes les gardes nationales du roiaume partager toute leur affection entre le Roi et la Liberté, et s'honorer d'être également fidèles à l'un et à l'autre. Vous avez lû ce que le Roi a écrit de sa main sur cette mémorable époque. *C'est pendant cette solemnité qu'il avait passé les moments les plus doux de son séjour à Paris, et il s'arrétait avec complaisance sur le souvenir des témoignages d'attachement et d'amour, que lui avaient donnés les gardes nationaux de toute la France*†.

Ainsi

* Décret du 4 Juin 1790,

† Mémoire du Roi du 20 Juin 1790.

Ainsi et la puiſſance légiſlative, et la puiſſance armée, ſi leur mouvement n'eut pas été contrarié, ne tendaient qu'à ſe réunir avec le Roi. C'eſt qu'il eſt impoſſible d'approcher de Louis XVI. ſans être entrainé par ſa candeur et ſon amour du bien; c'eſt que dans cette foule de miniſtres qui pendant dix mois ont traverſé ſon conſeil, ceux là même qui y étaient entrés avec des intentions hoſtiles, en ſont ſortis ou avec de la bienveillance, ou avec des remords. Je ne ceſſerai de le répéter, je ne ceſſerai d'admirer en gémiſſant la vigilance et le génie qu'il a fallu aux méchans, pour empecher toujours cette réunion qui toujours était au moment de s'opérer.

Mais c'était préciſement quand un rayon d'eſpoir s'était montré aux amis de l'ordre que les plus affreuſes tempêtes étaient ſoulevées : il fallait renouveller l'empire de la terreur.

Ainsi après la fédération, dont ſe repentirent ceux qui l'avaient faite, on vit ſucceſſivement éteindre toutes les pourſuites commencées au nom de la loi contre ceux qui troublaient et enſanglantaient les différentes parties de la France.

Ainsi au mois d'Avril 1791, lorſque Louis XVI. ſuccombant ſous le poids des chagrins fut attaqué d'une maladie, qui pendant quelques jours parut inquiétante, lorſque la grande majorité du peuple de Paris eut manifeſté pour ſon Roi cette affection

affection à laquelle on imposait silence depuis si longtems; la calomnie s'agita de nouveau, et le 18 Avril Louis XVI. n'eut pas la liberté d'aller chercher dans sa campagne le repos nécessaire à sa convalescence; le 18 Avril Louis XVI. resta pendant deux heures exposé à l'insolence et à la fureur d'une troupe égarée. Il eut à trembler pour tout ce qui lui appartenait, famille, amis, serviteurs. Et que fit Louis XVI. le 18 Avril? La vengeance était dans ses mains, la loi l'autorisait; une partie de la garde nationale était fidèle. Le commandant général voulait absolument faire respecter la majesté du trône et celle de la loi. Louis XVI. défendit de tirer sur ceux qui le couchaient en joue, se soumit à son sort, alla le lendemain demander à la loi non pas vengeance, mais protection, et la demander non pas pour lui, mais pour l'intérêt du peuple et pour celui de la liberté. Une harangue stérile fut tout ce qu'il obtint. Tout ce qui lui restait de serviteurs fidèles lui fut enlevé. Sa conscience fut tourmentée. Les libelles, les outrages, les menaces furent plus prodigués que jamais. Ses jardins en retentirent, les murs de son palais en furent couverts. La plus grande partie de l'Assemblée Nationale, la plus part des citoiens de Paris gémissaient, mais ne pouvaient que gémir. Des nouvelles plus affligeantes que jamais arrivèrent des Provinces; la disette, le fanatisme, la

mort

mort les parcouraient. Louis XVI. partit pour Montmédy.

Citoiens, je cherche à m'établir juge impartial de la conduite de Louis XVI. à cette époque mémorable, et je me demande quel pouvait être l'objet de ce voyage, qui, selon les divers motifs qu'on lui donnait, pouvait exciter ou la censure, ou la compassion, ou la reconnaissance.

Allait-il se joindre à une armée étrangère? Non, car il n'en existait point, il n'en a existé qu'un an après sur cette frontière.

Allait-il se joindre au parti des Princes? Non, car ils ont été surpris de la démarche, et blessés du silence qu'on avait gardé avec eux.

Enfin méditait-il une guerre civile, ainsi que votre commission n'a pas craint de le conjecturer? Non; car il a été à Varennes le 23 Juin, ce qu'il avait-été à Paris le 18 Avril; - - - ce qu'il avait été à Versailles le 6 Octobre; - - - ce qu'il avait été par tout le 14 Juillet.—Non; car celui qui ne veut pas qu'une goutte de sang soit répandue pour lui, ne se détermine pas à en verser des flots. Celui qui n'a été ramené à Paris que parce qu'il n'a pas voulu consentir que sa sortie de Varennes coutât la mort d'un homme, n'y allait pas avec le projet d'en faire égorger des milliers.

Mais puisque les intentions prêtées à Louis XVI. par ses ennemis sont démontrées impossibles, il faut bien que j'en revienne à celles qu'il a déclarées lui-même, et ſans doute j'aurai fait beaucoup pour l'impartialité, en héſitant quelques momens entre eux et lui.

Je lis le mémoire qu'il a laiſſé à ſon départ, la déclaration qu'il a faite à ſon retour : j'y trouve le tableau de ſa longue et ſtérile patience, de ſes inſupportables chagrins, de ſes terreurs poignantes pour tout ce qu'il aimait, et je me dis : « il avait « fait plus que ſon devoir, en ſubiſſant tant d'é- « preuves, en dévorant tant d'inſultes, en s'expo- « ſant à tant de périls. Quand il ne pouvait plus rien « pour ſa patrie, il a cru qu'un autre devoir lui « commandait de *mettre ſa famille en ſureté**. Ap- « paremment qu'il n'était pas le ſeul être vivant « ſur le territoire Français, qui n'eût pas *le droit* « *de réſiſtance à l'oppreſſion*, et il ne lui a pas réſiſté, « il n'a fait que la fuir. Apparemment qu'il n'a- « vait pas *juré* d'immoler ſa femme, ſes enfants, « tous les ſiens ; et ne pouvant les défendre, il a « voulu les ſauver - - - - Alors je me ſens ſaiſi de la compaſſion la plus pénétrante qui ait jamais affecté le cœur humain.

Je retourne encore à ce mémoire et à cette déclaration ; j'y trouve que le Roi promet *d'oublier toutes ſes injures perſonnelles* ; qu'il place dans cet *oubli* l'eſpoir de ſon *bonheur* ; qu'il demande une bonne conſtitution, mais qu'il ne prétend pas la faire, qu'il ne veut que *l'accepter librement*. J'y vois

* Mémoire du Roi.

vois qu'à chaque page il argumente d'après la *déclaration des droits*, inceſſamment violée à ſon égard ; qu'il ſollicite *l'établiſſement de la liberté ſur des baſes fermes et inébranlables*, le reſpect des *autels*, le reſpect des *propriétés*, le reſpect des *lois*. J'y vois qu'il a la ferme réſolution de repouſſer *toute invaſion étrangère*, ſi jamais ces menaces, juſqu'ici ſans effet, venaient à ſe réaliſer. J'y vois enfin cette exclamation ſortie du fond de ſon cœur : *Français, votre Roi ſera toujours votre meilleur ami*; et je me dis: « oui, Louis XVI, « allant à Varennes, était l'ami des Français ; il « n'a voulu être libre que pour que les Français « le devînſſent. Médiateur entre les différens « partis qui déchiraient la France, il a voulu l'être « encore entre la France et ſes voiſins. » Il n'a pas ſupporté l'idée que le Roi et ſon peuple ne pûſſent s'entendre que par une intervention étrangère. —Je me dis : « tant que la monarchie a été quel- « que choſe en France, il n'y a pas un homme « juſte et ſenſible, qui n'ait dû profeſſer pour un « tel monarque le ſentiment de la plus tendre « reconnaiſſance ; et depuis l'établiſſement de la « république, il n'y a pas un ſeul républicain de « bonne foi, qui ne doive dire au moins, comme « les républicains Anglais le diſaient de l'infortu- « né Charles I. *Si nous voulions un Roi, le dernier « que nous avons eû était digne de l'être, autant que « gentilhomme ſur la terre.* »

CITOIENS,

Citoiens, vous approuvez ſans doute que je jette un voile ſur toutes les circonſtances du retour de Varennes, et vous ſentirez que ſi Louis XVI. a un intéret à ce ſilence, ce ne peut être que l'intéret de ſa générofité. Parmi ces circonſtances cependant, il en eſt une qui n'eſt pas connue et qui doit l'être.

La famille roiale était rentrée à Paris. Elle était enfin arrivée à ſon palais, elle était enfin retirée dans ſon intérieur. Le Roi demande à reſpirer un inſtant ; tout le monde ſort ; un député de l'Aſſemblée Nationale qui lui était attaché par ſa place, reſte ſeul avec lui. Le Roi le regarde, ne lui addreſſe d'abord que cette parole : *Eh bien?* Puis ſoulageant ſa douleur pour la première fois, il lui dit à mots entrecoupés : *Ah ! tout ce que j'ai ſouffert depuis ſix jours ! que j'ai de peines ! que d'injuſtices ! tout ce que j'ai fait, oublié ! toutes mes bonnes intentions méconnues ! la Reine ! mes enfans ! deux innocens maſſacrés ſous mes yeux, et pour moi ! Et ce peuple ! ah quelle différence de Cherbourg ! je ne ſuis pas changé, moi ; on l'eût bien vû, ſi je fûſſe arrivé à Montmédy ! mais comme ils ont égaré ce peuple ! ôh ! comme les têtes ſont montées ! il n'y a plus rien à faire ; On ne peut plus parler à l'opinion. Que deviendra la France ?* Le député, après avoir paié à Louis XVI. le tribut de ſon reſpect et de ſa douleur, ſe laiſſe entrainer à blamer *les conſeils qui, par une démarche ſi imprudente, ont plongé le Roi dans cet ex-*

cès de malheur.—Que voulez-vous? répond le Roi; *j'ai vu tout déſeſpéré; j'avais tout tenté, excepté ce dernier moien de ſalut, j'ai voulu le tenter auſſi.—Mais pourquoi, Sire, cette déclaration, avant d'être arrivé au but de votre voiage?—Parceque j'ai voulu agir franchement, parceque j'ai voulu qu'en apprenant mon départ, on apprit dans la même minute, que je partais pour établir et non pas pour combattre la liberté.* Le député inſiſte. *On commençait*, dit-il au Roi, *à ſentir le beſoin qu'on avait de vous, même pour cette liberté; l'Aſſemblée tombait dans le diſcrédit. Le départ de V. M. lui a donné un pouvoir qu'elle n'avait jamais eu.—Ah! tant mieux*, s'écrie le Roi, *qu'elle le garde, et qu'elle s'en ſerve pour rendre le peuple heureux. Je ſerai le premier à la bénir.* Citoiens, l'interlocuteur de ce dialogue exiſte, il eſt très irrécuſable, quoique ſa place l'attachât à la perſonne du Roi, et vous ſentez bien que ſi je pouvais jamais croire à la légitimité du procés qui s'inſtruit, ceux qui en feraient juges ne pourraient pas me refuſer d'entendre le témoin que j'indique. Il s'en faut que les accuſations aient de tels garans.

Citoiens, je m'impoſe encore ſilence ſur les deux mois qui ont ſuivi le retour de Varennes. Louis XVI. ne veut point qu'on accuſe, et je ne puis avoir à le défendre pendant le temps où il n'a pu rien faire. Alors, ſelon la formule conſacrée, *l'autorité roiale ſommeillait.* La liberté du Roi était ſuſpendue, fuſpendue, ainſi que ſa puiſſance. L'Aſſemblée conſtituante adminiſtrait ſeule; et comme elle était la ſeule autorité, c'était contre elle qu'on ſe liguait. Ceux qui ne voulaient pas de la conſtitution qu'elle établiſſait, parlons vrai, ceux qui dès lors voulaient annéantir la Monarchïe, furent vaincus par l'Aſſemblée conſtituante au Champ de Mars le 17 Juillet 1791 : ils ont été vainqueurs aux Thuilleries le 10 Août 1792.

Ce fut le 14 Septembre 1791 que fut ſigné entre la Nation et le Roi, le nouveau pacte dont *l'impériſſable autorité* * devait *garantir* à l'un *la liberté la plus pure*, à l'autre *la plus belle couronne de l'univers*†. Le Roi jura *d'être fidèle à la Nation et à la Loi*. La Nation jura *d'être fidèle à la Loi et au Roi*. L'un et l'autre jurèrent *de maintenir de tout leur pouvoir la conſtitution :* l'un et l'autre conſentirent que *l'expérience demeurât juge de la conſtitution :* l'un et l'autre s'engagèrent à ne reconnaître pour moiens de réforme, que *les moiens réſervés à la Nation par la conſtitution.*

La nouvelle légiſlation s'aſſembla. Chaque membre prêta individuellement ſon ferment. Chaque membre monta à la tribune, et la main poſée ſur *l'Evangile de la conſtitution*, proféra ces mots : " Je jure de maintenir de tout mon pou-

M " voir

* Diſcours du Préſident de l'Aſſemblée Nationale conſtituante le 14 Septembre 1791.

† ibid.

" voir la conſtitution du Roiaume, décrétée par " l'Aſſemblée Nationale conſtituante aux années " 1789, 1790, et 1791; de ne rien *propoſer*, ni " *conſentir*, dans le cours de la légiſlature, qui " puiſſe y porter atteinte: et d'être, en tout, " fidèle à la Nation, à la Loi, et *au Roi*."

C'ETAIT le 4 Octobre 1791 que le corps légiſlatif avait prêté ce ſerment, et le 10 Août 1792 *le Roi* était priſonnier dans l'enceinte du corps légiſlatif; le 13 il l'était dans la tour du Temple par ordre du corps legiſlatif, et la conſtitution n'était plus.

CITOIENS, les dix mois qui ſe ſont écoulés entre ces deux dernières èpoques, étant la matiére du grand procès qui s'inſtruit, il m'a paru qu'ils devaient être renvoiés à l'inſtant où je traiterai la dernière queſtion.

JE crois avoir ſatisfait à la premiere que je m'étais propoſée. Sans doute j'ai omis une infinité de faits; de ces faits fugitifs, et dont la modeſtie de Louis XVI. ne voulait pas même fixer le ſouvenir; de ces faits habituels, qui ſont que la vertu journalière n'eſt plus une vertu remarquée. Ainſi parmi les ſoins publics auxquel il s'eſt livré, je ne vous ai pas cité ce ſoin ſi précieux pour l'éducation de la jeuneſſe, ſes ſondations dans la Lorraine, ces établiſſements par leſquels il aſſociait toutes les claſſes de citoiens aux bienfaits de l'école militaire. Ainſi, en vous parlant de ſa clé-

mence,

mence, j'ai omis la pacification de la Corſe, le bonheur qu'il gouta encore en pardonnant, et en aboliſſant juſqu'à la trace des délits. Je ne vous ai pas fait ſuivre le particulier tantôt s'égarant ſous le toît du pauvre, y laiſſant des conſolations et des ſecours; tantôt imaginant des genres de travaux, uniquement pour ſecourir l'indigence, ſans encourager l'oiſiveté. Je ne vous ai pas peint l'homme intérieur, qui eſt un ſi ſûr garant pour l'homme couronné; ces mœurs ſi pures, ſi ſevères même, et cependant ſi douces; cette probité ſi conſacrée, que c'était un axiome *que le Roi était le plus honnête homme de ſon Roiaume:* et ce ne ſont pas là les louanges de la flatterie; la flatterie donne à un Roi le ſurnom de *Grand*, elle ne lui donne pas le ſurnom d'*Honnête Homme*. Je ne vous ai pas peint le fils religieux, le mari fidèle, le père tendre, le bon parent, le maitre indulgent, l'homme en un mot, qui, recueilli dans ces douces et légitimes affections de la nature, les épanche ſur toute la grande famille à la tête de laquelle le Ciel l'a placé. Je ne vous ai pas dit enfin tout ce que la multiplicité des faits, la diſperſion des monuments, l'éloignement des lieux où je méditais cette défenſe, le déſordre enfin, plus ou moins grand, que tant de malheurs jettent dans les eſprits, ont fait diſparaitre de ma mémoire.

Mais ce que j'ai dit ſuffit, et ce que jai dit eſt vrai. Qu'il ſe lève celui qui oſera me démentir.

Que

Que l'orateur de votre comité me réponde ; qu'il dise s'il connaît une autre vie de Louis XVI. ou si c'est dans celle que vous venez d'entendre, qu'il a eu le talent de découvrir *un Tyran constamment appliqué à retarder, à empêcher, à anéantir la liberté.*

Ah ! je m'avance avec une grande sécurité vers la nouvelle question dans laquelle je vais entrer. Il faut bien que je la traite *cette inviolabilité roiale.* Je fais violence, je le sais, à la vertu de Louis XVI. Elle est si simple ! Son peuple ne lui a jamais demandé vainement une communication, quelle qu'elle fût. Il publie aujourd'hui sa conscience, comme il publiait autrefois son administration ; et quand on a osé le dire coupable, il n'a plus éprouvé d'autre besoin que celui de montrer qu'il est innocent.

Moi-meme, je l'avoue, il m'en eût couté, il en eût couté à mon respect pour lui, de commencer par le couvrir de cette égide impénétrable de l'inviolabilité, avant de montrer qu'aucun trait lancé par la main de la justice ne pouvait l'atteindre.

Mais à présent que sa vie entière le justifie mieux que les discours les plus étudiés ; à présent qu'il ne reste plus qu'à daigner honorer de quelques réponses des imputations qui ne peuvent donner d'autre embarras que celui de les concevoir ; l'homme qui a l'honneur de le défendre, ne doit pas se rendre complice de sa périlleuse générosité. Je dois maintenir ces grands principes dans leur intégri-

té,

té, pour le ſalut de ſon auguſte perſonne, pour la majeſté de la nation, autant que pour la majeſté du trône, pour la tranquillité publique de toute l'Europe.

Citoiens, je paſſe à la ſeconde queſtion que j'ai poſée.

DEUXIÈME QUESTION.

Le Roi peut-il être accusé ?

Pouvez-vous être ses Juges ?

CITOYENS,

JE soutiens que le Roi ne peut être accusé :

Parce que sa personne est inviolable & sacrée.

Parce que, même devenu particulier, il ne peut être jugé que pour ce qu'il a fait depuis qu'il est particulier.

Parce que, même en supposant qu'il ait fait ce qu'on lui reproche, si l'Acte Constitutionnel n'a pas prévu le délit, on ne peut pas prononcer de peine ; & s'il l'a prévu, on ne peut prononcer que la peine qu'il a prononcée.

Mes Propositions sont bien simples ; voyons à les établir.

La personne du Roi est inviolable & sacrée. Cette proposition porte sa preuve avec elle ; c'est le texte même de la Constitution que je viens de répéter. Chapitre 2, Section 1ere, Art. 3.

Qu'a-t-on fait pour échapper à une loi si précise ? Ce qu'on a fait, Citoyens ? une chose réellement incroyable : on a combattu le texte de la loi par *la théorie de la loi* ; on a prétendu annuller ce qu'avaient prononcé les Législateurs, parce qu'ils avaient pensé ; détruire leur volonté exprimée par leur intention supposée. Rapport de Maille.

C'eſt donc de la théorie de la loi qu'il s'agit ici? Eh bien! Citoyens, ſur cette théorie je crois pouvoir donner à la Convention Nationale des notions plus certaines que celles qui lui ont été préſentées. Je ſuis un de ceux qui ont préparé & fait paſſer cette loi; j'étais alors membre de l'Aſſemblée Conſtituante, & membre du premier Comité de Conſtitution. Cette loi eſt du très-petit nombre de celles que la majorité de ce Comité a pu obtenir. Non, en vérité, nous n'étions pas *convenus que l'inviolabilité de la perſonne du Roi dût avoir des effets funeſtes pour la liberté publique!* Non, notre *intention* n'était pas *que le Roi, inviolable comme Roi, ceſsât de l'être comme individu:* non, nous n'admettions pas *qu'on pût mettre en juſtice pour des faits perſonnels, une perſonne inviolable.* Voici quelle a été la chaîne de nos idées & de nos principes.

L'Archevêque de Bordeaux, le Comte de Clermont-Tonnerre, MM Mounier, Bergaſſe, & moi.

Tout ce que nous étions de membres formant la majorité du premier Comité de Conſtitution, après avoir examiné ſur quels principes nous devions régler le Gouvernement de la France, nous arrêtâmes trois réſultats de notre examen.

1. Qu'en enviſageant cette queſtion ſous le rapport de nos pouvoirs, nous n'étions pas maîtres de propoſer un autre Gouvernement qu'une Monarchie, parce que la France entière avait déclaré ſa volonté à cet égard, dans des mandats libres, poſitifs, & unanimes.

2. Qu'en nous décidant d'après les lumières de notre raiſon, nous voudrions encore une Monarchie,

parce qu'il nous paraiſſait douteux ſi, même pour cette forme de Gouvernement, la France n'était pas déjà trop grande : combien donc nous paraiſſait-elle déméſurée pour tout autre !

3. Qu'une Monarchie mixte, également conforme, & aux vœux de nos commettans, & à notre vœu particulier, pouvait ſeule être le principe & le garant d'une vraie & ſolide Liberté en France ; & que dans toutes les combinaiſons poſſibles, il n'exiſtait pas un autre moyen que la balance des pouvoirs, pour réprimer l'abus du pouvoir.

Citoyens, vous avez décidé que nous nous étions trompés : ce n'eſt ni le lieu, ni l'inſtant d'appeler de cette déciſion. Qu'il me ſoit ſeulement permis d'obſerver que ſi nous nous trompions, alors toute la France ſe trompait avec nous. Tout ce que l'Antiquité a eu de grands hommes, tout ce que les ſiècles modernes ont eu de profonds penſeurs, partageait notre erreur ; & du moins, dans le triomphe paſſager de notre opinion, avons-nous été plus tolérans que l'Aſſemblée Légiſlative, qui, un mois avant la ſuſpenſion du Roi, & deux avant l'abolition de la Royauté, *dévouait* ſolemnellement *à une exécration éternelle*, les ennemis de la Monarchie, & les partiſans de la République. Séance du 6 Juillet 1792.

Tel eſt donc le premier principe que nous poſâmes : *La France ſera une Monarchie mixte.*

Il n'y a point de Monarchie ſans l'inviolabilité du Monarque. Second principe auquel nous conduiſirent également le devoir, la raiſon, & l'expérience ; car ſi nous nous ſommes perdus, ce ſont là les guides qui nous ont égarés.

Il me ſemble que la généralité de ce dernier principe a été avouée par votre Comité. Le Monarque une fois jugé néceſſaire, on convient qu'il devait être inviolable. On fait ſeulement des diſtinctions & des exceptions. *Louis Seize*, dit-on, *inviolable comme Roi pour les actes de la royauté, ne l'était pas, comme individu, pour des actions particulières. Il s'agit ici de faits étrangers aux fonctions du Pouvoir Exécutif. Il doit être perſonnellement reſponſable pour les maux qu'il a faits perſonnellement.* L'objection eſt-elle aſſez fidélement rendue ? Ai-je aſſez littéralement répété les propres termes dont on s'eſt ſervi pour l'établir ?

Rapport de Maille.

Eh bien, Citoyens, cette objection, je vais la renverſer, je vais la briſer, de manière qu'il n'en reſtera pas trace dans vos eſprits.

Remarquez toujours que nous diſputons ici ſur le fait, & non pas ſur le droit. En droit la loi exiſte ; elle eſt bonne, ou elle eſt mauvaiſe, mais elle exiſte. Elle eſt préciſe dans ſon expreſſion, univerſelle dans ſon application ; elle n'admet ni diſtinction ni exception ; elle dit : *La perſonne du Roi eſt inviolable* ; on ne peut y voir que ce qu'elle dit.

Mais en fait on ſoutient que notre *théorie*, à nous qui faiſions la loi, était que la loi fût enfreinte, qu'elle fût applicable dans un cas, & pas dans un autre.

A cela je réponds premièrement, que ceux qui ont établi le principe général, n'auraient pas manqué d'établir auſſi les exceptions, s'ils en avaient conçu quelques-unes : ils n'en ont pas exprimées, donc ils n'en ont pas voulues.

Je réponds ensuite, en produisant la vraie *théorie de la loi* à la place de la fausse que l'on a forgée pour s'en armer au besoin, & cette vraie *théorie*, la voici.

D'abord nous avons été frappés d'une idée qui nous a paru une grande vérité ; nous avons cru que c'était précisément dans les Monarchies mixtes que l'inviolabilité du Monarque devait être le plus positivement & le plus sévèrement érigée en loi.

Dans les Etats purement despotiques, elle serait sans but. Ce serait une vraie dérision que de publier une pareille loi à Constantinople : la force y fait tout ; les révoltes, les assassinats sont là, dans l'ordre politique, des événemens ordinaires, comme les pestes dans l'ordre de la nature.

Même dans une Monarchie absolue, la loi de l'inviolabilité, sans être également absurde, est à-peu-près superflue. Il y a une telle distance du Trône à celui qui en est le plus près ; les intrigues & les cabales sont tellement liées avec la soumission au Souverain, ont tellement pour but d'accaparer sa faveur, de remplir les places dans son Conseil ; en un mot, l'homme qui, il y a quatre ans, eût parlé de former un parti contre Louis XVI, de l'emprisonner, de l'accuser, eût été regardé comme tellement en démence ; Louis XVI était alors si servilement obéi, si avidement sollicité par la plûpart de ceux qui ont été les plus acharnés à le méconnaître, & à le perdre, que dans l'ancienne France, le Trône n'avait pas besoin du rempart d'une telle loi. Que croit-on qu'eût répondu Louis XIV, si les membres de son Conseil lui eussent proposé de déclarer par une loi, que sa personne était inviolable, & ne pouvait être mise en justice ?

Mais dans un Etat mixte, où le Peuple est compté, où il exerce la noble & juste influence qui lui appartient, où la loi est faite par lui, où le puissant nom de Liberté est toujours dans sa bouche, où la Monarchie, en un mot, est en présence de la Démocratie, c'est-à-dire, un en présence de tous, oh! c'est alors qu'il faut travailler pour que cet un soit plus, non-seulement qu'un être ordinaire, mais qu'un être naturel ; pour qu'il sorte entièrement de la condition commune ; que ce soit quelque chose de sacré à quoi l'on ne puisse toucher, quelque chose de parfait qui ne puisse faire mal, quelque chose d'éternel qui ne meure jamais. N'ayez pas de Roi, si vous voulez ; ce n'est pas là la question que je traite : mais si vous en avez un, il faut qu'il soit tel ; mais celui que vous vous êtes donné par votre Constitution a été tel ; & l'être qui ne pouvait mal faire, ne pouvait être puni. Voilà notre *théorie* ; voilà le système de l'inviolabilité royale dans toute sa pureté, & dans la plus exacte vérité.

Eh ! qui ne sent que s'il n'en était pas ainsi, à chaque instant l'Administration serait arrêtée, le Gouvernement dissous, le Trône vacant ? L'être qu'on aurait condamné à s'y asseoir, environné de précipices, attaqué seul par toutes les passions de plusieurs millions d'hommes, incapable de gouverner son Etat, parce qu'on le forcerait toujours à défendre sa perſonne, reſponſable enſuite, pour n'avoir pas fait ce qu'on l'aurait mis dans l'impoſſibilité de faire, ſerait le plus infortuné des hommes, comme ſon Peuple ſerait le plus malheureux des peuples.

C'eſt préciſément parce que la nature n'a fait aucun homme infaillible, que la politique a créé un Roi impeccable, afin qu'un oubli de la part de celui qui porte le poids de tant d'affaires, afin qu'une erreur de la part de celui que tant d'intérêts cherchent à ſéduire, afin qu'un refus de la part de celui que tant de ſollicitations aſſiègent, ne devinſſent pas un prétexte pour bouleverſer l'Etat.

Les avantages poſitifs de la Royauté ſont nombreux, diſions-nous ; mais ſes avantages négatifs ſont immenſes. Tout ce qui n'eſt pas, par cela ſeul qu'un Roi eſt, voilà ce qui nous paraiſſait le plus grand argument en faveur du Pouvoir Monarchique ; & nous priſions les Rois, bien moins encore pour le bien qu'ils peuvent faire, que pour tout le mal qu'ils empêchent.

Ainſi parce qu'un Roi eſt là, placé par la nature à la tête du Corps ſocial, perſonne ne peut ſonger à s'y placer ; & comme dans le cas où un pourrait y ſonger, mille, cent mille le pourraient auſſi, toutes les rivalités qu'enfanterait cette ambition, tous les crimes qu'enfanteraient ces rivalités, ſont inconnus & impoſſibles.

Parce qu'un Roi eſt là, chargé de diſtribuer les emplois, & intéreſſé par ſa gloire, par la tranquillité de ſon règne, par la ſécurité de ſon miniſtère, à toujours choisir les plus dignes, les emplois ne deviennent point la proie de l'incapacité, le prix de la corruption, le salaire du crime. Tout l'Etat n'est pas en convulsion parce qu'un ambitieux veut avoir de grandes places, ou un avare de grandes richesses. Cette flatterie, plus terrible encore pour les peuples, que pour les individus, n'exerce pas ses ravages, & l'on ne rivalise pas à qui corrompra le plus une Nation.

Parce qu'un Roi est là, dont la dignité ne peut jamais être égalée, & dont la Couronne brille de tout l'éclat répandu sur ses Sujets, l'homme qui sert sa Patrie n'a pas à craindre une ingratitude décourageante, & la Patrie elle-même n'a pas à craindre cette funeste mobilité, cette jalousie mortelle pour les Etats, qui rappellent un Général du milieu de ses victoires, ou qui écartent un bon Citoyen dans le cours de ses services.

Enfin, parce qu'un Roi est là, à qui seul appartient, sans dépendance & sans partage, toute la partie exécutive du Gouvernement, la confiance est plus grande, & la vigilance plus facile. Le Peuple a toujours les yeux sur ce centre unique ; il sait à qui tenir compte de son bonheur, ou à qui adresser ses griefs ; il sait à qui demander des subsistances, & auprès de qui chercher un appui ; il ne se trouve pas placé entre mille partis, incertain quel choix il fera, exposé à des méprises perpétuelles, ne sachant à qui porter ses demandes, son estime, sa reconnaissance, sa haine.

Maintenant je demande si tous ces avantages inhérens à la Monarchie (& apparemment qu'il faut

se

ſe procurer les avantages du Gouvernement qu'on établit), je demande, dis-je, ſi tous ces avantages ne diſparaiſſent pas dès que la perſonne du Roi n'eſt pas inviolable; je demande où s'arrêteront les accuſations, & ſi nous n'arriverons pas à ce qui vous a été préſenté en effet comme la perfection du Gouvernement, à *l'artiſan, qui va trouver le Roi, & qui lui dit : "Suivez-" moi chez le Juge-de-paix."* Citoyens, je ne ſais ſi mon langage va vous ſurprendre; mais établiſſez la Royauté ſans inviolabilité, & je déclare que je ne connais pas de plus terrible fléau que la Royauté; elle ſera préciſément inverſe de ce qu'elle doit être. Au lieu d'être impuiſſante pour le mal, & toute-puiſſante pour le bien, elle deviendra nulle pour le bien, & ſera la ſource de tous les maux. D'une part, vous aurez fait une victime, ou un tyran; de l'autre, vous aurez plongé un Peuple dans la ſervitude, ou dans l'anarchie.

Mais cet être inviolable & ſacré pourra donc, lui, violer impunément tous nos droits, nous ſacrifier arbitrairement à ſes paſſions? Non, il ne le pourra pas. Une loi eſt là pour prévenir le crime par la terreur, ou pour le punir par le ſupplice. Si le mal ſe commet, les malfaiteurs ſeront châtiés; mais le Roi ne peut rien faire à lui ſeul, & le Roi ne peut faire mal. De-là *la reſponſabilité des Miniſtres, des Conſeils, des Agens du Roi*, troiſième principe lié néceſſairement aux deux autres.

On ne peut rien prendre dans le tréſor public, s'il n'eſt livré par le Miniſtre qui en eſt le gardien; on ne peut faire une Proclamation qui ne ſoit ſignée d'un

Secrétaire d'Etat, conclure un traité qui ne ſoit ſigné du Miniſtre des Affaires Etrangères ; on ne peut faire marcher des troupes ſans un Miniſtre qui les commande, ou ſans un chef qui les conduiſe ; enfin on ne peut conſpirer contre la fortune ou la liberté publique, ſans qu'il y ait des Conſeils, ou au moins des agens. Pour tous ces crimes vous voyez qu'il y a des répondans : ce ſont eux ſeuls qui les commettent, & qui les expient ; ce n'eſt jamais le Roi : la fiction de la loi n'admet pas qu'il ſoit leur complice, comme la rigueur de la loi ne permet pas qu'il ſoit leur ſauveur. A ce prix il ne ſe trouvera pas beaucoup d'inſtrumens de la tyrannie, & peu d'hommes veulent payer de leur tête les crimes d'un autre.

Mais *les faits particuliers*, dit-on, *les délits qu'il a commis ſans agens ?*

Je réponds premièrement que je ne connais qu'un ſeul délit qu'on puiſſe commettre ſans agens contre tout un Peuple ; l'Acte Conſtitutionnel l'a prévu : nous en parlerons ; mais ce cas n'eſt pas celui de Louis XVI.

2°. Si je fixe les délits pour leſquels on parle de punir Louis XVI, j'ai peine à contenir, je l'avoue, l'indignation qui s'empare de moi. *Il les a commis*, dites-vous, *ſans agens* ; c'eſt parce qu'il n'y a point de têtes qui vous en réponde, que vous vous attaquez à la ſienne ? Mais je vois les procès-verbaux de vos prédéceſſeurs, & les vôtres, remplis de décrets d'accuſation lancés, pour ces mêmes délits, contre ceux que l'on a nommés les *agens* & les *complices* de Louis XVI. Mais je vois une terre étrangère couverte de *miniſtres*

Rapport de Maille.

du Roi, conftitués, pour ces mêmes délits, en état d'arreftation. Mais je vois vos prifons encombrées de tous *fes miniftres*, *confeils*, *ambaffadeurs*, *correfpondans*, *ferviteurs*, incarcérés, toujours pour les mêmes délits. Mais je vois deux Miniftres des Affaires Etrangères, un Miniftre de la Guerre, accufés & emprifonnés pour ces mêmes délits; déchirés depuis le 2 Septembre jufqu'au 8, dans ces orgies de fang qu'on a appelées *la juftice du Peuple*. Ainfi donc, on aurait jugé coupables tous les amis du Roi, pour lui enlever leur fecours; & après leur exil & leur maffacre, on les reconnaîtrait innocens, pour lui ôter la vie !

3°. Enfin, & cette dernière réponfe tranche toutes les difficultés, quand même il pourrait exifter un délit commis par le Roi feul, fans aucun agent, l'inviolabilité de fa perfonne ne permettrait pas encore qu'on la mît en juftice. Sans doute ce ferait là un des inconvéniens de l'inviolabilité du Monarque, c'eft-à-dire de la Monarchie, car l'une eft inféparable de l'autre : mais prétendez-vous qu'aucune forme de gouvernement, qu'aucune inftitution humaine foit exempte de tout inconvénient ? Regardez autour de vous ; allez aux prifons de l'Abbaye, à celles de la Force ; tranfportez-vous en idée à Verfailles, à Lyon, à Marfeilles, à Nifmes, à Avignon, & ofez dire que la Démocratie n'a pas auffi fes inconvéniens. Il s'agit donc ici, comme dans tout ce qui appartient à la faible humanité, de balancer les avantages avec les inconvéniens, & de juger lefquels l'emportent. Il s'agit de comparer même les inconvéniens entre eux,

& de choisir *minima de malis*. Or est-ce de bonne foi que le danger unique, à peine admissible, de voir, dans tout un siècle, un crime échapper à la peine par l'inviolabilité royale, peut être mis en parallèle avec les dangers multipliés, certains, journaliers, qui, sans cette inviolabilité, menaceraient l'Etat de convulsions perpétuelles, de toutes les horreurs de l'anarchie, & d'une totale dissolution ?

Ainsi donc, dans tous les cas, dans tous les tems, quoi qu'il ait fait, le Roi doit conserver, comme Roi, son innocence légale ; le Roi ne peut mal faire, la personne du Roi doit rester inviolable & sacrée ; & ainsi l'a déclaré la loi.

Voilà, Citoyens, quelle a été notre *théorie*. Jusqu'ici je crois en avoir dit assez pour laisser les dénonciateurs de Louis XVI, sinon sans réplique, au moins sans réponse. Eh bien ! je n'ai pas tout dit, & je vous demande une nouvelle attention.

Cette doctrine, lorsqu elle a été proposée à l'Assemblée Constituante, & adoptée par elle, n'était pas une chose nouvelle ; elle était, & elle est dans toute sa force en Angleterre. Voyons si les Anglais l'entendent comme nous l'avons entendue.

J'ouvre Blackstone, l'oracle du Droit public, civil, & municipal d'Angleterre, & je parcours son chapitre 7, *sur la personne & la prérogative du Roi*. Voici d'abord ce que j'y trouve. Citoyens, ce n'est pas un esclave, c'est un Anglais qui parle, & c'est tout-à-l'heure qu'il écrivait ; son livre, commencé en 1750, a paru en 1765.

« Dans tout Etat Monarchique, il eſt néceſſaire de « diſtinguer le Prince de ſes Sujets, non-ſeulement « par la pompe étrangère, & la décoration éclatante « de la Majeſté, mais encore en regardant comme « inhérentes à ſa perſonne royale, certaines qualités « diſtinctes & ſupérieures à celles d'aucun autre indi- « vidu dans la Nation. Un Philoſophe conſidérera « purement la perſonne du Roi, comme celle d'un « homme appelé par un contrat naturel à en gou- « verner d'autres, & il lui rendra les reſpects & les « devoirs qu'exigent les principes de la ſociété ; « mais la maſſe des hommes ſera portée à devenir « inſolente & réfractaire, s'ils conſidèrent leur Prince « comme un homme qui n'a rien de plus qu'eux. « La loi aſſigne donc au Roi, dans la hauteur de « ſon caractère politique, non-ſeulement de vaſtes « pouvoirs & de larges émolumens qui conſtituent « ſa prérogative & ſon revenu, mais encore certains « attributs d'une nature ſupérieure & tranſcendante, « telle que la multitude, frappée de l'éclat qui l'en- « vironne, voie en lui un être ſupérieur, & lui paie « ce profond reſpect, ſi néceſſaire à celui qui fait « aller la grande affaire du Gouvernement. »

C'eſt après avoir offert cette grande & profonde idée de la dignité royale dans ſon enſemble, que Blackſtone annonce qu'il va en examiner ſucceſſivement les différentes branches.

La définition qu'il donne de la perſonne du Roi en Angleterre, eſt celle qu'avaient donnée, avant lui, Bracton & Forteſcue. Ecoutez, Citoyens, & ne jugez que quand vous aurez tout entendu ; écoutez

Blackstone, chap. 7, liv. 1. Bracton, liv. 1, chap. 8. Fortescue, ch. 9 & 34.

comment un Roi est défini par cette Nation dont Montesquieu a dit, *Qu'aucune dans l'univers n'avait aussi bien connu la valeur de trois grandes choses, la religion, la liberté, & le commerce.*—" Le Roi est le " vicaire & le ministre de Dieu sur la terre; tout in-" dividu lui est soumis, & lui-même n'est soumis " qu'à Dieu & à la loi, car c'est la loi qui l'a fait " Roi."

La première conséquence qui résulte de ce principe, c'est " qu'aucune action ne peut être intentée contre " le Roi, même en matière civile, parce qu'aucune " Cour ne peut avoir jurisdiction sur le Roi. Toute " jurisdiction emporte supériorité de pouvoir; or qui " est supérieur au Roi? Tout juge rend un arrêt " frivole & méprisable, qui ne peut pas en comman-" der l'exécution: or, qui commandera au Roi?"

Une seconde conséquence (écoutez encore, citoyens, & connaissez bien toute la théorie de l'inviolabilité royale) une seconde conséquence, c'est que *par la loi la personne du Roi est sacrée, quand même les mesures poursuivies sous son règne seraient complettement tyranniques & arbitraires; car aucune jurisdiction sur la terre n'a le pouvoir de poursuivre le roi criminellement. Une telle jurisdiction serait la fin de la Constitution; car l'action libre d'une des parties constituantes du Pouvoir Législatif suprême serait détruite.*

Jusqu'ici, Citoyens, vous voyez combien les principes du premier Comité de Constitution, &, à cette époque, de toute l'Assemblée Constituante, s'accordaient avec ceux du Gouvernement Anglais, sur l'inviolabilité du Roi: poursuivons.

“ Outre le pouvoir fouverain, (dit Blackftone,)
“ la loi attribue auffi à la perfonne politique du Roi,
“ la fouveraine perfection. *Le roi ne peut faire mal.*”

Ici le publicifte Anglais fe fait l'objection que nous nous fommes faite.—“ Cet être inviolable pourra-t-il “ donc être injufte impunément ? Les Anglais n'au-“ ront-ils donc point de recours, fi la Couronne en-“ vahit leurs droits, ou par des injures privées, ou par “ des oppreffions publiques ?”—La loi répond qu'elle a ménagé aux Anglais un double remède.—Contre les injures privées, ils peuvent, (non pas affigner le Roi, car le fujet obferve toujours les formes de la fou-miffion, mais) “ *lui préfenter une pétition* dans fa Cour “ de Chancellerie ; & fous le nom de *grâce* (car la fouveraineté ne defcend jamais de fa hauteur) le “ Chancelier leur fait juftice. Contre les oppreffions “ publiques, la loi a affigné la refponfabilité des Mi-“ niftres & Agens. Le Roi ne peut abufer de fon “ pouvoir fans l'avis de pernicieux Confeillers, & de “ Miniftres dépravés : ces hommes font examinés & “ punis.”

Enfin, Citoyens, fe préfente la diftinction qui a été faite par votre Comité, entre les actes du Gou-vernement, & les actions perfonnelles du Roi. Savez-vous, Citoyens, qui fe joint ici à Blackftone pour vous répondre ? Locke ; & voici littéralement ce que Locke répond à vos Comités. “ Le mal qu'un Sou-“ verain peut faire par lui-même, ne pouvant ni fe “ produire fouvent, ni s'étendre loin ; fa force indi-“ viduelle ne pouvant lui fuffire pour renverfer les

“ loix, & opprimer, à lui tout ſeul, le corps du
“ peuple, l'inconvénient de quelques injuſtices parti-
“ culières, qui peuvent ſe commettre quelquefois,
“ lorſque des Princes égarés montent ſur le trône,
“ eſt plus que compenſé par la tranquillité publique
“ & la ſécurité du Gouvernement, attachées au ſalut
“ & à l'inviolabilité du premier Magiſtrat.”

Citoyens, il faut encore ajouter à ce que vous venez d'entendre ; il faut aller juſqu'où l'on peut aller ; il faut que la franchiſe du défenſeur ſoit digne de celui qu'il a l'honneur de défendre. Réaliſons donc une de ces chances que les combinaiſons infinies d'un ſiècle d'événemens peuvent faire éclore ; créons un de ces phantômes, que tant d'imaginations rêvent aujourd'hui..... enfin prenons ſur nous de prononcer ſérieuſement toutes ces exclamations, tous ces mots vuides de ſens, à force d'être pleins d'exagération, avec leſquels on prétend caractériſer les actions de Louis XVI, & diſons en répétant nos adverſaires : *Si le Roi a uſé de ſa puiſſance conſtitutionnelle pour tuer la liberté ; s'il a tramé une trahiſon, dont les fils inviſibles embraſſaient toute la France ; le Corps Légiſlatif eſt-il donc tellement lié par les principes de l'inviolabilité royale, qu'il doive laiſſer périr la choſe publique par une aveugle religion ? doit-il imiter la conduite de ces peuples ſuperſtitieux de l'antiquité, qui périſſaient, plutôt que de frapper les animaux cruels, qu'ils regardaient comme ſacrés ? Louis XVI eſt-il un dieu terrible, dont nous devions bénir les coups ; ou un homme criminel dont nous devions punir les forfaits ? &c. &c.*

Rapport de Maille.

Voilà

Voilà bien, Citoyens, ce qui vous a été dit par l'orateur de votre Comité ; & de toutes ces queſtions il en a tiré ſur-le-champ la concluſion : *donc Louis XVI doit être jugé.*

Eh bien, Citoyens, ces mêmes queſtions, Blackſtone ſe les eſt faites, & vous allez voir que c'était un homme libre, & digne du nom d'Anglais. Il ſuppoſe le cas dans lequel *une oppreſſion inconſtitutionnelle, de la part du pouvoir ſouverain, s'avançant à pas de géant, menacerait l'Etat d'une entière déſolation. Alors*, dit-il, *les Anglais ſacrifieront-ils leur liberté à un attachement ſcrupuleux pour ces anciennes maximes, qui n'avaient été établies que pour l'affermir ?* La réponſe de Blackſtone, c'eſt que la loi doit ſe taire, ne pas prévoir la poſſibilité d'un tel malheur, ne pas préſenter le Souverain-Magiſtrat, comme juſticiable de ceux qu'on juge en ſon nom, ni comme capable de crimes qu'il eſt chargé de faire punir. Mais ſi ce malheur arrivait, Blackſtone, *dans le ſilence de la loi*, remet le dépôt de la liberté publique à *ce pouvoir ſecret, inhérent aux ſociétés, que ni climat, ni temps, ni conſtitution, ni contrat, ne peuvent détruire, ni altérer*, en un mot *à LA NATURE* & *à LA RAISON*. Prenez garde, Citoyens, *à la nature, & à la raiſon* ; non pas à la folie & à l'inhumanité. Et qu'ordonnent, que permettent *la nature & la raiſon*, contre le Prince *qui a entrepris de ſubvertir la Conſtitution, qui a briſé le contrat originel entre le Roi & le peuple, qui a violé les loix fondamentales ?* Voici la réponſe : *Cette accu-*

mulation de circonſtances eſt équivalente à une Abdication ; le Roi eſt cenſé avoir abdiqué ; le Trône eſt vacant.

Voilà en effet tout ce que *la nature* permet, & tout ce que *la raiſon* ordonne. Il peut être des cas où une Nation a le droit de dire à un homme : *nous ne voulons plus vous obéir* ; il n'en eſt pas où elle ait le droit de lui dire, *nous voulons vous tuer*, quand elle ne lui a pas dit auparavant, *ſi vous faites cette action, vous ſerez tué.* Qu'eſt-ce donc quand elle lui a dit, *mettez-vous à notre tête, dévouez-vous aux ſoins & aux peines du Gouvernement, & nous vous jurons que votre perſonne ſera inviolable & ſacrée ?*

Ainſi l'inviolabilité de la perſonne du Roi exiſte encore juſques dans la deſtruction de ſon caractère royal. Blackſtone applaudit à la Convention, qui déclara que Jacques Second avait abdiqué ; & quand il parle des Juges de Charles Premier, il s'écrie, *ce tribunal infâme & inoui, que formaient des régicides !*

Il ne reſte plus qu'à ſavoir ſi l'Aſſemblée Conſtituante a pouſſé auſſi loin en France le ſyſtême de l'inviolabilité ? J'ouvre la Conſtitution, & j'y trouve que, ſi le Roi refuſe le ſerment conſtitutionnel, s'il le retracte, s'il ſe met à la tête d'une armée ennemie, s'il ne s'oppoſe pas à une entrepriſe pareille, faite en ſon nom, *il ſera cenſé avoir abdiqué la Couronne.* Lorſque cet article a été propoſé & décrété, le premier Comité de Conſtitution n'exiſtait plus : il eût obſervé la ſage circonſpection de Blackſtone, & n'eût pas voulu que la loi prévît la poſſibilité de telles circonſtances ; mais au ſilence près, le ſecond Comité,

& avec lui, l'Aſſemblée Conſtituante, ont perſiſté dans la même théorie ; ils n'ont pas dit, *le Roi ſera jugé, le Roi ſera puni* ; ils n'ont pas même dit, *le Roi ſera déchu* ; ils ont dit, comme Blackſtone, *le Roi ſera cenſé avoir abdiqué*, & cela parce que *le Roi eſt inviolable & ſacré.*

C'était le temps où Louis XVI avait eſſayé de gagner Montmédi. La pureté de ſes intentions était ignorée par les uns, & calomniée par les autres ; ſon voyage était préſenté comme un délit : l'Aſſemblée Conſtituante ne diſait pas, *le Roi nous a abandonné, le Roi a fui* ; elle diſait, *le Roi a été enlevé*, & cela parce que *le Roi ne peut mal faire.*

Eh bien, Citoyens, la théorie de l'Aſſemblée Conſtituante, ſur l'inviolabilité royale, vous paraît-elle aſſez clairement déduite ? Eſt-elle aſſez identiquement conforme avec la théorie de la Conſtitution Angláiſe ? Enfin le texte de la loi, que la ſuppoſition d'aucune théorie ne pouvait affaiblir, reçoit-il un ſurcroît de force aſſez irréſiſtible par la démonſtration de ſa théorie véritable ? Oui, le Roi eſt inviolable, il eſt impeccable. La loi l'a fait tel, la loi l'a voulu tel. Le fait, l'intention, le principe, l'exemple, tout ſe réunit pour couvrir le Roi Louis XVI d'un bouclier impénétrable à tous les traits.

Daignerai-je m'arrêter aux deux dernières objections que l'on a oppoſées, ſoit aux principes, ſoit aux exemples, ſur leſquels repoſe cette éternelle vérité ? Oui, ſans doute, je m'y arrêterai, moins pour les honorer d'une réponſe, que pour vous faire juger,

Citoyens, ce que doit être l'accuſation à laquelle on ne trouve que de tels appuis.

En principe on a dit : " Soit, l'inviolabilité royale exiſtait par la Conſtitution ; mais la Conſtitution a diſparu, donc l'inviolabilité a diſparu avec elle : on ne peut pas exciper de ce qui n'exiſte plus." Et l'on a appelé cela *une logique irréſiſtible.*

En exemples, on a été compiler toutes les hiſtoires ; dans les faſtes de l'Europe entière, pendant 900 ans, on eſt parvenu à trouver cinq faits, dont les uns ſont étrangers à la queſtion, dont les autres ſont autant de crimes ; & l'on a appelé cela une foule d'exemples.

Quant au *principe*, vous ſentez bien, Citoyens, que je ne le diſcuterai pas ſérieuſement ; ce ſerait dégrader la raiſon. Je me bornerai à vous préſenter quelques conſéquences, qui réſulteraient de ce nouveau principe, tout auſſi infailliblement que celle qu'on veut en tirer.

Ainſi l'aſſaſſin qui a inondé Paris de ſang, depuis le 2 juſqu'au 8 Septembre, dirait à ſon Juge, s'il s'en trouvait un qui eût le courage de le citer : *Vous n'avez aucun droit ſur moi ; car les meurtres que j'ai commis, n'étaient puniſſables que par la loi ; or nous avions détruit les loix.*

Ainſi tous les hommes qui ont été revêtus en France d'un pouvoir quelconque, en vertu de la Conſtitution, on pourrait leur dire : *Vous n'avez pas fait un ſeul acte qui ne ſoit une uſurpation ; exigé une ſeule taxe qui ne ſoit une concuſſion ; prononcé une ſeule peine qui ne ſoit une vexation ; car vous ne pouvez exciper du pouvoir que vous a donné une Conſtitution détruite.*

Ainsi l'Assemblée Législative se serait anéantie elle-même, en anéantissant la Constitution ; elle aurait frappé d'une nullité ineffaçable tout ce qu'elle a fait, non-seulement depuis le 10 Août, mais depuis le premier moment de son existence ; elle ne serait plus, dès sa naissance & dans toute sa durée, qu'une Assemblée illicite ; car son droit ne venait que de la Constitution, & la Constitution est détruite.

Ainsi, par une suite nécessaire, la Convention Nationale elle-même serait participante de la nullité de l'Assemblée, qui l'a convoquée étant sans pouvoir, & qui, devenue illicite, ne pouvait plus rien faire de légal.

Quant aux exemples, je suis étonné qu'on ne vous ait pas cité *Jacques Clément*, & *Ravaillac*, car ce sont aussi des exemples ; & en vérité, ces assassinats fanatiques ont quelque chose de moins odieux que l'assassinat juridique de Charles Premier, & qui vous a été présenté au milieu de tant de blasphêmes contre cette intéressante victime.

Citoyens, je vous ai annoncé que le moment viendrait, dans le cours de cette plaidoyerie, où j'examinerais avec vous le procès de Charles Premier, & où vous apprécieriez les orateurs qui vous en ont entretenus jusqu'ici. Ce moment est arrivé ; mon devoir est de bien rappeler aux uns, de bien faire connaître aux autres, toutes les circonstances de cette tragédie, & ce sera à vous de décider si vous voulez la renouveler.

Charles Premier, doué de toutes les vertus morales, pur dans ses vues, mais absolu dans ses moyens, trouva, en montant ſur le trône d'Angleterre, la prérogative royale étendue bien au-delà de ſes anciennes limites. Ses prédéceſſeurs la lui ayant ainſi tranſmiſe, il crut pouvoir regarder cette poſſeſſion comme un droit, & réſolut de la maintenir. La Nation étant elle-même diviſée ſur cette grande queſtion, & une partie des Anglais croyant qu'il importait à leur propre bonheur que la Couronne eût un tel degré de pouvoir, Charles trouvait dans cette conſidération de quoi tranquilliſer ſa conſcience. Il perçut donc des taxes qui n'étaient point autoriſées par la loi, mais dont pluſieurs l'étaient par l'uſage, & qui toutes, de l'aveu même de ſes ennemis, étaient employées pour le bien de l'Etat. Il fit arrêter pluſieurs Anglais, & les fit juger enſuite par des tribunaux, qui étaient de véritables commiſſions ; mais ce n'était pas lui qui les avait créés. On le vit diſſoudre pluſieurs Parlemens ; mais la Conſtitution, dans toute ſa ſévérité, lui en donnait le droit. Des individus étaient mécontens, & avaient ſujet de l'être ; mais la maſſe du Peuple était heureuſe. Trois partis ſe formèrent : l'un compoſé d'hommes vertueux, amis de la liberté ; l'autre de fanatiques inſenſés ; le troiſième d'hypocrites ambitieux. Charles s'entendit avec les premiers, accorda *la pétition de droit*, & ce parti devint le ſien. Les deux autres étaient réſolus de le pourſuivre..... Une armée fut levée contre lui ; il envoya des ſoldats à ſa rencontre, en leur recommandant de ne faire que ſe montrer. Il ſigna un traité, d'après lequel on devait déſarmer des deux parts : Charles renvoya ſon armée ; & les rebelles gardèrent la leur. Le Long Parlement s'assembla, & voulut régner. Tout ce qu'on pouvait faire de concessions à la liberté du Peuple, de sacrifices au desir de la paix, Charles les fit ; mais chaque fois que le Peuple était ému par la reconnaissance, les Communes le soulevaient par de nouvelles calomnies & de nouvelles terreurs.—Elles firent périr, par des assassinats juridiques, les amis & les conseils de Charles ; elles levèrent des soldats, & mirent des impôts ; la guerre civile commença.......Charles se montra tour-à-tour clément dans la victoire, & grand dans le malheur. Il fut successivement prisonnier, des Ecossais, du Parlement, & de Cromwell, pour lequel seul travaillaient toutes les factions, & qui fondait sa tyrannie par la main des Indépendans. Le Parlement s'apperçut trop tard qu'en renversant un Roi, il avait élevé un tyran. Alors cette armée que les Communes avaient levée, marcha contre elles, & les subjugua. Le Roi s'échappa, fut repris ; & Cromwell osa concevoir le projet de le mettre en jugement. Le Long Parlement lui-même frémit à cette idée ; il arrêta qu'il traiterait avec le Roi. Le Peuple était revenu dès long-temps ; le Trône allait être relevé ; la paix publique rétablie........Un chartier, devenu Colonel, reçoit de Cromwell l'ordre de purger les Communes. Cent soixante membres sont exclus, cinquante-deux restent ; ils font jeter en prison une partie de leurs collègues ; ils anéantissent la Chambre Haute ; ils se déclarent la Nation Anglaise ; ils accusent de haute-trahison *Charles Stuart, Roi d'Angleterre :* &, sur le refus des douze grands Juges, qui déclarent unanimement que *le Roi ne peut être mis en justice*, ils nomment, pour le juger, 133 Commissaires pris dans l'armée, dans le barreau, parmi les tailleurs, les bouchers, & les chartiers de Londres. On n'en put jamais rassembler plus de 70, *tant il était difficile*, dit M. Hume, *malgré l'impulsion de la terreur*, & *l'appât de l'intérêt, de trouver un homme s'estimant un peu lui-même, qui voulût entrer dans une si criminelle mesure.*

Citoyens, je n'ai pas à vous peindre la grandeur, la patience, la mort sublime de Charles Premier ; les grands traits de cette scène douloureuse vous sont présens : ce que j'avais à vous offrir, c'était un tableau qui réunît tous les détails fugitifs, dont la suite peut échapper à votre mémoire, & dont votre position vous ordonne de fixer l'ensemble.

Que faisait cependant la Nation Anglaise, pendant que cinquante-deux usurpateurs prétendaient la représenter, que soixante & dix régicides prétendaient la venger, & qu'un tyran s'apprêtait à l'asservir ? Elle était plongée dans la consternation & dans la terreur, chargée de plus d'impôts qu'elle n'en avait jamais supportés, livrée à un arbitraire qu'elle n'avait jamais connu, spoliée par des brigands, qui, pour justifier leurs vols, se comparaient aux *Hébreux dérobant les vases des Egyptiens* ; jugée par des Commissions qui promenaient impunément leur glaive sur les têtes les plus innocentes. Toujours entre le pillage, la prison, & la mort, elle craignait de laisser échapper un murmure. Une seule voix avait osé, en face du tribunal

régicide,

régicide, renier, au nom du *Peuple Anglais*, l'attentat qu'on voulait revêtir de ce nom, & cette voix était celle d'une femme.* Un ſeul individu avait oſé invoquer publiquement *la bénédiction du Ciel pour la Majeſté opprimée*, & c'était un ſoldat des tyrans, que l'aſpect du vertueux Roi avait vaincu & tranſporté hors de lui. Tout le reſte ſe portait ſur le paſſage de l'infortuné Monarque, lui exprimait, par ſes regards, ce qu'il n'oſait lui faire entendre, & baignait la terre de ſes larmes. L'inſtant où mourut cet homme juſte, fut une révolution dans la nature. Toutes les douleurs, tous les remords éclatèrent avec violence. Toutes les familles crurent avoir perdu leur chef; tous les individus redemandaient leur Roi & leur père. Des femmes avortèrent; des hommes tombèrent morts; d'autres perdirent l'uſage de leurs ſens, ou celui de leur raiſon. L'hiſtoire a recueilli ces funeſtes prodiges; & forcée de tranſmettre aux générations futures la mémoire de cet épouvantable forfait, elle y a joint du moins l'avertiſſement terrible de toutes les calamités qui l'ont ſuivi.† Enfin, après onze années de malheurs inſupportables au-dedans, malgré les triomphes extérieurs, le Peuple Anglais reſpira, reprit ſes droits, & ſoulagea ſa douleur. Une infiniment petite partie de la Nation avait été coupable, la Nation entière ſe repentit: le Martyr Royal fut inſcrit dans les faſtes religieux de l'Angleterre; & ſon nom conſacré par une ſolemnité qui ſe célèbre tous les ans, qui ferme tous les ſpectacles, qui fait vaquer tous les tribunaux, & qui eſt deſtinée uniquement à

* Lady Fairfax.

† Voyez M. Hume.

honorer la cendre du Roi, à maudire la mémoire de ses meurtriers, à invoquer la clémence du Ciel sur l'Angleterre, pour avoir laissé commettre le crime qu'elle a toujours détesté.

Vous qui vous êtes fait complices des *Bradshaw*, & des *Harrison*, après leur mort, venez maintenant discuter avec froideur *les formes* dont ils ont revêtu leur attentat ; venez maintenant calomnier les Anglais, & délirer sur leur Constitution : venez dire que le tiers des Communes pouvait chasser les deux autres tiers, & représenter toutes les Communes ; dire que les Communes seules pouvaient représenter tout le Parlement ; dire que le Parlement en Angleterre n'est pas le Souverain ; dire que la seule forme qui a manqué à la juste condamnation de Charles Premier, c'est de n'avoir pas fait autoriser ses Juges par la Nation, tandis que la Nation l'eût reporté, dans ses bras, sur le trône, & qu'il a fallu enchaîner l'une pour immoler l'autre. Ce n'est plus à vous que je parle ; je m'adresse à la grande, à l'énorme majorité, j'en suis sûr, de tout ce qui m'écoute ; &, déjà persuadé de l'horreur qu'elle partage avec moi, je me borne à lui dire : Peuple, Représentans, citoyens, voilà l'exemple que l'on ose proposer à la Nation Française.

Sur tous les autres exemples, on vous a également trompés.

On vous a parlé d'un paysan dépouillé de son champ par Guillaume le Conquérant, & arrêtant son cercueil pour réclamer une indemnité ? Qu'ont de commun les Conquérans d'autrefois avec les Monarques d'aujourd'hui ? Qu'a de commun Guillaume dérobant le champ d'un payſan, ſi le fait eſt vrai, avec Louis, qui a couvert les payſans de ſes bienfaits, & qui s'eſt dépouillé de ſes droits pour eux ?

On vous a cité, contre l'inviolabilité des Rois, le procès fait à des Princes qui n'étaient pas Rois, c'eſt-à-dire, qu'on avait le droit de mettre en juſtice le Roi de France, parce que le Connétable de Bourbon était déclaré criminel de lèze-majeſté.

On vous a indiqué Louis le Débonnaire dépouillé par ſes Fils, dépoſé par des Evêques. C'eſt invoquer contre les Rois les uſurpations que vous avez reprochées aux Prêtres ; c'eſt légitimer le régicide par le parricide.

On vous a parlé des *Egyptiens ?* ils ne jugeaient que la mémoire de leurs Rois : cette inſtitution pouvait avoir un grand avantage, & n'entraînait aucun danger....... Des *Spartiates*, des *Ephores ?* Oui, Sparte a fourni auſſi un grand, un terrible exemple, plus analogue, peut-être encore, avec le procès de Louis XVI, que celui de Charles Premier ; car vous l'avez vu, Charles, tout intéreſſant qu'il était, n'avait pas encore cette innocence ſans tache qui brille dans Louis XVI : Charles avait voulu retenir ce que Louis a voulu abandonner. Mais le malheureux *Agis*, c'était auſſi pour avoir voulu le bien, pour avoir rappelé Sparte à la liberté, pour avoir ſauvé la vie à ſes ennemis, qu'il fut victime des factions : c'était dans le temps où les Ephores, inſtitués d'abord pour balancer la Royauté, avaient opprimé le Peuple ; c'était lorſque le Peuple avait conſacré un temple *à la peur*, dans l'enceinte du lieu où les Ephores délibéraient ; c'était lorſque les Factieux en étaient venus à ce point d'inhumanité, d'étrangler, en même temps que leur Roi, deux malheureuſes Princeſſes, ſa mère, & ſon aïeule, uniquement parce qu'elles étaient venues ſecourir de leurs cris, & couvrir de leurs larmes leur malheureux Fils. On vous a inſinué que c'était dans Sparte un événement ordinaire ; & la vérité eſt que c'était un crime inoui (*a*). La vérité eſt que les Ephores ne purent trouver ni un huiſſier, ni un ſoldat Lacédémonien, ni même un ſoldat étranger, qui oſaſſent porter une main ſacrilége ſur la perſonne du Roi, & qu'ils furent obligés de le traîner eux-mêmes en priſon (*b*). La vérité eſt que le Peuple, redevenu libre, que le Pauvre ſecouru par *Agis*, voulurent délivrer le Roi ; que déjà la porte de la priſon était

---

(*a*) Bien eſt-il certain que cet *Agis* fût le premier des Roys que les Ephores feirent mourir, pour avoir voulu faire de très-belles choſes, & très-convenables à la gloire & dignité de Sparte ; eſtant en l'aage en laquelle, quand les hommes faillent, encorre leur pardonne-t-on ; & ayant eu ſes amis plus juſte occaſion de ſe plaindre de luy, que non pas ſes ennemis, pour ce qu'il ſauva la vie à Léonidas, (chef de ces ennemis), & ſe fia aux autres, comme la plus doulce, & la plus humaine créature du monde qu'il eſtoit. *Plutarque, Vie d'Agis, Traduction d'Amiot.*

(*b*) Et Demochares voyant que les ſergens n'oſoyent mettre la main ſur luy, & que, ſemblablement, les ſoudards étrangers refuyoyent, & avoyent en horreur une telle exécution, comme choſe contraire à tout droit divin & humain, de mettre la main ſur la perſonne d'un Roi, en les menaçant, & leur diſant injure, traîna lui-même *Agis* dedans cette chartre.

assiégée, & que les Ephores hâtèrent l'exécution, pour ne pas laisser le temps de le délivrer (*c*). La vérité est que les satellites qui menaient Agis à la mort, versaient des torrens de larmes (*d*). La vérité est que cet attentat fit frémir toute la Grèce (*e*). La vérité est que ces Grecs, qui apparemment se connaissaient en liberté, avaient un tel respect pour la Majesté Royale, que dans les combats, ceux qui étaient en guerre avec Lacédémone, détournaient religieusement leurs coups du Roi des Lacédémoniens (*f*).

(*c*) Plusieurs avoyent desjà entendu sa prise, & y avoit jà grand tumulte à la porte de la prison, & force lumières & torches : cela fut cause de faire haster & précipiter son exécution, pour ce que ses ennemis eurent peur que l'on ne le recourût par force, la nuict, d'entre leurs mains, s'il y arrivoit encorre plus de gens. *Ibid.*

(*d*) Ainsi estant *Agis* mené à la fourche, apperceut, en allant, l'un des sergens, qui ploroit & se tourmentoit, auquel il dit : " Mon " ami, ne te tourmente pour pitié de moy, car je suis plus homme " de bien, que ne sont ceux qui me font mourir si meschamment & " si malheureusement." *Ibid.*

(*e*) Ce cas estant divulgué par la ville, la crainte des Magistrats ne peut estre si grande, que les citoyens de Sparte ne montrassent évidemment qu'ilz en estoient fort desplaisans, & qu'ilz ne haïssent de mort Léonidas & Ampharès, estimans qu'il n'avoit oncques esté commis un si cruel, si malheureux, ne si damnable forfaict en Sparte, depuis que les Doriens estoyent venus habiter au Péloponèse. *Ibid.*

(*f*) Car les ennemis, mesme en bataille, ne mettoyent pas vouluntiers les mains sur les Roys des Lacédæmoniens, ains s'en détournoyent, s'il leur estoit possible, pour la crainte & révérence qu'ilz

Il eſt donc vrai que les exemples, ainſi que la raiſon, ainſi que la théorie, ainſi que le texte de la loi, concourent à démontrer l'inviolabilité de la perſonne du Roi. Cette queſtion eſt terminée.

PROUVER que le Roi eſt inviolable, tant qu'il eſt Roi, c'eſt prouver que, même devenu particuli r, il reſte encore inviolable pour tout ce qu'il a fait étant Roi. Ce ne ſont pas deux propoſitions différentes, ce ſont les deux parties d'une même propoſiti n : un mot de plus à cet égard ſerait ſuperflu.

IL eſt encore un dilemme que je vous ai préſenté.

Ou la Conſtitution, vous ai-je dit, n'a pas prévu le délit que vous reprochez au Roi ; & alors vous ne pouvez pas prononcer de peine ; ou elle l'a prévu, & alors vous ne pouvez prononcer que la peine qu'elle a prononcée.

Ici ce n'eſt plus pour Louis XVI ſeul que je plaide ; c'eſt pour vous, c'eſt pour tous les Français ; c'eſt pour tous les hommes.

Conſultez votre conſcience & votre ſureté ; ouvrez votre code ; interrogez vos propres écrivains ; vous n'y trouverez pas un ſentiment, pas une diſpoſition

---

portoyent à leur Majeſté ; de ſorte qu'en tant de batailles que les Lacédæmoniens avoient euës à l'encontre des Grecs, il n'y en eut onques que Cléombrotus, avant le temps de Philippus, qui fut tué d'un coup de javeline en la journée de Leuctres.

légale, pas une penſée, qui ne mette le principe hors d'atteinte.

Nul ne peut être puni qu'en vertu d'une loi établie, & promulguée antérieurement au délit : c'eſt le texte de votre Déclaration des Droits, article 8.

Si la loi n'a pas prévu un délit, que celui qui l'a commis ne ſubiſſe aucune peine ; que le juge avertiſſe ſeulement le légiſlateur qu'il manque quelque choſe à ſon ouvrage. C'eſt le texte de Mably dans ſon livre ſur la légiſlation.

Le pincipe eſt prouvé : voyons les faits.

La loi a-t-elle prévu le genre de délits que vous reprochez à Louis XVI ? non. Donc vous ne pouvez pas prononcer de peine.

Mais la loi a prévu un délit que pourrait commettre le Roi, le plus grand de tous les délits, ſans doute, & le ſeul qu'il puiſſe commettre ſans agens : l'appel d'une armée étrangère, à la tête de laquelle il ſe mettrait pour immoler la liberté Françaiſe, ou le défaut d'oppoſition à un tel projet, annoncé en ſon nom par une telle armée. *Vous aſſimilez* à ce délit l'accumulation de tous les faits que vous avez portés à la charge de Louis XVI. Je me tais ſur le délit par *accumulation*. Sur le délit par *aſſimilation*, je vous l'accorde. Eh bien ! voyons la peine qu'a prononcée la loi ; elle a prononcé la *déchéance* ſous la forme d'*abdication préſumée*. Louis XVI eſt déchu. *Il a abdiqué*. La loi eſt ſatisfaite. Il n'y a plus rien à juger.

Une ſeule circonſtance reſte ; c'eſt que la peine a été prononcée, qu'elle a été exécutée, & que c'eſt actuellement qu'on inſtruit le procès.

Tenons donc pour un de ces axiomes plus clairs que le jour, que LOUIS XVI NE PEUT PAS ÊTRE ACCUSÉ.

POUVEZ-VOUS ÊTRE LES JUGES DE LOUIS XVI? Dernière queſtion.

Il eſt preſque ſuperflu d'examiner qui peut juger celui que perſonne ne peut accuſer ; mais il faut forcer les ennemis de Louis XVI dans leurs derniers retranchemens ; & ſi je ne prenais pas ſur moi de me prêter à toutes ces hypothèſes, je n'aurais rien à dire à cette barre.

Je n'ai pas beſoin d'obſerver que ma défenſe n'eſt point un aveu de votre compétence. Je vous ai dit que vous vous étiez faits juges ; je ne vous ai pas dit que vous pouviez l'être. La différence eſt énorme de l'un à l'autre ; ou plutôt, l'un eſt excluſif de l'autre.

La première choſe qu'un tribunal doit juger, ce ſont ſes pouvoirs ; on plaide devant lui, pour éclairer ſa conſcience, & pour obtenir de lui-même ſa propre récuſation.

Je ferai une ſeule queſtion :

Celui-là peut-il être Juge, qui ne pourrait pas même être témoin ?

Eh bien ! il faut que nous ayons le courage, moi de le dire, & vous de l'entendre : Il n'y a pas un ſeul membre dans cette Aſſemblée, qui pût être reçu en témoignage, dans le procès de Louis XVI, d'après toutes les lois connues, d'après ces lois qui exiſtaient même ſous l'ancien régime, qui étaient ſouvent enfreintes, mais toujours vengées par le tribunal ſuprême établi auprès du Roi.

Les lois ne permettent pas, même à l'homme le plus vertueux, *de dépoſer dans ſa propre cauſe**. Ainſi vous ne pouriez pas même être témoins, vous, membres de l'Aſſemblée Légiſlative, car c'eſt vous qui avez ſuſpendu Louis XVI ; c'eſt vous qui l'avez empriſonné ; c'eſt vous qui l'avez dénoncé. On agite ſi vous avez été juſtes, ou injuſtes ; ſi vous avez été rigoureux, ou cruels : c'eſt *votre cauſe* que l'on va juger.

* *Nemo teſtis in propriâ cauſâ... Africanus ipſe, ſi viveret, teſtis in ſuâ cauſâ eſſe non poſſet.*

Vous ne pourriez pas être témoins, vous, membres de la Municipalité de Paris, car vous avez été ſuſpendus par Louis XVI. On agite s'il a dû prononcer cette ſuſpenſion. S'il a été juſte, vous étiez coupables : pour paraître innocens, vous aviez beſoin de le montrer injuſte ; c'eſt *votre cauſe* que l'on va juger.

Vous ne pourriez pas être témoins, vous, membres de l'Aſſemblée Conſtituante ; car non-ſeulement je vois, dans la ſuite des accuſations, pluſieurs traits de la conduite réciproque tenue entre Louis XVI & vous, pendant les trois années de votre première exiſtence ; mais encore, de tous les côtés, dans tous les partis, j'entends des voix qui s'élèvent pour accuſer votre Conſtitution de tous les maux que la France a eſſuyés. On agite ſi ces reproches ſont vrais ; ſi Louis XVI, qui vous les a adreſſées dans ſon Mémoire du 20 Juin, vous calomniait ; ſi c'eſt par lui, ou par vous, que la France a tant ſouffert : c'eſt *votre cauſe* que l'on va juger.

Vous ne pourriez pas être témoins, vous, membres de ces Sociétés qui ſe ſont dites *les Amies de la Conſtitution*, juſqu'au moment où elles ſe ſont vantées de l'avoir détruite ; car je vois que, dans ce procès, il eſt ſans ceſſe queſtion d'écrits dirigés, de projets formés contre vous : c'eſt peut-être une injuſtice, une offenſe ; vous pouvez vous plaindre, vous pouvez pourſuivre ; vous ne pouvez dépoſer : c'eſt *votre cauſe* que l'on va juger.

Les lois ne permettent pas d'entendre, dans un procès criminel, quiconque eſt ſuſpect de haine, même d'inimitié la plus légère pour un accuſé *— quiconque a vomi contre lui des malédictions †— quiconque ſeulement ſe trouve lié d'amitié avec ſes ennemis ‡. Ainſi vous ne pourriez pas être témoins, vous qui, depuis quatre ans, dans un lieu, dans un diſcours, dans un écrit, quel qu'il ſoit, vous êtes glorifiés d'être les ennemis de Louis XVI ; vous qui avez chargé ſon nom d'injures, que je ne me permets pas de répéter ; vous qui avez appelé la mort ſur lui, & voulez la lui donner ; vous tous qui, le 2 Décembre, avez admis aux honneurs de la Séance, une députation qui venait vous dire ſolemnellement : — *Votre* HAINE *eſt-elle laſſée ? & croit-elle avoir fait aſſez que de* VOMIR DES EXÉCRATIONS *contre Louis ?*

S'il eſt un axiome conſacré par les lois, c'eſt que

* *Inimicitia etiam levis repellit à teſtificando.*

† *Si infauſtas voces adverſùs re jactaverit.*

‡ *Si cùm inimicis tuis amicitiam copulavit.*

rien ne peut réunir deux qualités auſſi incompatibles que celles d'accuſateur, & de témoin. §

§ *Quilibet accuſator, querelans, denunciator à teſtificando repellatur.*

Ainſi vous ne pourriez pas être témoins dans ce procès, vous tous qui êtes accuſateurs, & qui, dans ce titre d'excluſion, réuniſſez tous les autres : car ici, l'accuſateur a confeſſé publiquement, tous les genres d'intérêt poſſibles, à la perte de l'accuſé ; ici l'accuſateur a parlé conſtamment le langage de la haine, & de la fureur.

Citoyens, ſoyez attentifs : celui qui, dans cette tribune, a reconnu que, ſi l'on faiſait le procès à Louis XVI, il n'y aurait pas moyen de le condamner ; que ſi l'on écoutait la juſtice & la loi, on ſerait obligé de l'abſoudre ; que par conſéquent il fallait l'aſſaſſiner.... celui-là ſera-t-il Juge de Louis XVI ?

C'en eſt aſſez ; mais que chacun juge s'il ne me reſterait plus de vérités à dire.

Nous ſommes le Légiſlateur, nous ſommes le Souverain, ſe ſont écriés quelques accuſateurs de Louis XVI.

Je réponds : donc vous ne pouvez pas être ſes Juges.

Le Légiſlateur fait la loi ; mais il ne peut l'exécuter : autrement il ſerait deſpote.

Le Souverain donne le pouvoir de juger ; on juge au nom du Souverain : mais le Souverain ne juge pas, car il faut qu'un Juge ſoit comptable ; & le Souverain ne l'eſt pas.

Voici mon dernier mot :

En thèſe particulière, la Nation toute entière ne

pourrait pas vous donner le droit de juger Louis XVI ſous aucun rapport.

En thèſe générale, la Nation toute entière peut juger Louis XVI politiquement ; elle ne peut pas le juger criminellement.

Citoyens, il eſt prouvé que Louis XVI ne peut être accuſé ; il eſt prouvé que vous ne pouvez être ſes Juges.

Maintenant je ſuppoſe qu'il puiſſe être accuſé ; je ſuppoſe que vous puiſſiez être tout à la fois accuſateurs, parties, ennemis, temoins, juges, légiſlateurs, ſouverains ; & j'examine ſi Louis XVI eſt coupable.

Fin de la Seconde Queſtion.

TROISIÈME QUESTION.

Louis XVI, quand il pourrait être accuſé, eſt-il coupable ?

L'ART des ennemis de Louis XVI a toujours conſiſté à iſoler, ou quelques jours dans le cours d'un an, ou quelques inſtans dans le cours d'une journée, ou quelques réſultats dans une longue ſuite d'agitations ; à les ſéparer des cauſes antérieures, & des circonſtances environnantes ; puis à les revêtir des apparences que façonnait à ſon gré une calomnie induſtrieuſe, & à en tirer les inductions que leur ſuggérait en abondance leur malveillante fécondité.

Ainſi, laiſſant à l'écart ce plan de corruption, ſuivi dès le principe pour déſorganiſer l'armée, ces récompenſes accordées aux ſoldats qui déſertaient leurs drapeaux, cette impunité aſſurée à ceux qui pillaient leur caiſſe, ces fêtes publiques décernées en l'honneur de ceux qui aſſaſſinaient leurs chefs, cette dilapidation univerſelle des arſenaux & des magaſins, ils ſe ſont indignés tout-à-coup de voir qu'au moment où ils ont déclaré la guerre, le Roi n'ait pas eu tout ce qu'ils lui avaient ôté, & ils ont dit : « Le Roi « n'a oppoſé aux Puiſſances les plus formidables que « des armées de 15 & de 18 mille hommes, des ſol- « dats ſans armes, des régimens ſans officiers, des

« villes sans munitions : le Roi s'est fait l'ennemi du « Peuple ; car livrer le Peuple à la guerre, ou faire « la guerre au peuple, n'est-ce pas une même « chose ?"

Ainsi, se taisant sur la journée du 20 Juin, ils ont dit : « Le 21 Juin, le Roi a fait une Proclamation « qui tendait à mettre une partie des citoyens aux « prises avec l'autre."

Ainsi, mettant en oubli les menaces & les complots qui se sont succédés sans interruption, depuis cette époque jusqu'au 9 d'Août, tout ce qui a rempli la nuit du 10, & ce tocsin qui a appelé la mort sur tant de victimes, ils ont dit : « A onze heures du « matin, le dix Août, Louis XVI a fait tirer sur le « Peuple."

Ainsi comptant pour rien ces placards dont les murs étaient couverts, ces libelles dont les villes & les campagnes étaient infectées, ces déclamations qui fatiguaient nos oreilles, ces armes qui effrayaient nos regards ; en un mot, cette combinaison d'écrits, d'actions, de clubs, qui provoquaient le meurtre de la Famille Royale toute entière, & conduisaient, par un système réfléchi, à l'anéantissement de la Couronne, & au renversement de leur propre Constitution, ils ont dit : « Le 12 Août, dans les papiers du Roi, & « dans ceux de l'Intendant de la Liste Civile, on a « trouvé la preuve que sur les fonds de cette liste, « il était alloué des rétributions pour des écrits diri- « gés contre l'Assemblée Nationale, contre les Pou- « voirs constitués, & contre les Sociétés Patrio- « tiques."

Puis employant à lier tous ces faits le même artifice qu'ils employaient à dépouiller chacun d'eux de ce qui lui appartenait, ils en ont tiré cette conclusion générale : " Le Roi qui a été l'ennemi du Peuple ; " le Roi qui, aux dangers d'une guerre extérieure, " a voulu joindre les horreurs d'une guerre civile ; " le Roi qui a fait massacrer les Français par sa garde " étrangère ; le Roi qui a sourdement miné, en " même temps qu'il attaquait ouvertement la Cons- " titution jurée par lui ; ce Roi, tout à la fois traître, " rebelle, sanguinaire, & parjure, a encouru la dé- " chéance ; & la loi serait trop indulgente si elle " bornait là ses rigueurs.

Sans doute, voilà de bien graves allégations ; voilà un résultat bien effrayant : mais il est arrivé, dans cet étrange procès, ce qui arrive dans tous ceux où, sans l'ombre d'une preuve, & sans corps de délit, on veut perdre un innocent, soit que la passion, soit que la calomnie le poursuive. Comme rien n'est réel dans les accusations, à peine est-on parvenu à en établir une, qu'on s'en méfie ; on lui en substitue une autre, qu'on doit abandonner de même. Une fois qu'on a le malheur de voir, ou la volonté de placer le crime par-tout, on finit par ne plus discerner le juste de l'injuste. Cependant, au milieu de toutes ces variations, le jour fatal arrive où un délit doit être articulé ; on se trouble, on se contredit ; on invective au lieu de prouver ; on justifie au lieu d'accuser : on peut obtenir la condamnation, mais on a établi l'innocence de la victime.

Ainſi l'accuſation portée contre Louis XVI a déjà trois fois changé de face ; & d'un crime atroce, qui n'était rien moins qu'une conſpiration pour aſſervir, & pour faire égorger le Peuple, on en eſt venu ſucceſſivement à des actes indifférens, à des actes légitimes, à des actes de bienſaiſance. On a outragé celui qu'on ne pouvait convaincre ; on a cru qu'on dénaturait un fait en y joignant une invective, & l'on s'eſt écrié : " *Le perfide !* on a trouvé dans ſes papiers une " note des dépenſes qu'avait coûté ſon voyage de " Varennes.—*L'impérieux deſpote !* il a fait une pen- " ſion de 800 liv. à deux Prêtres chargés d'années " & de miſère.—*Le tyran !* il a envoyé trois mille " francs à un ami qui avait expoſé ſa vie pour lui.— " *Le tigre !* il a nourri ſes neveux quand les biens " de leur père étaient ſaiſis ; & il a envoyé des " ſecours à la gouvernante de ſes enfans !"

La marche de la vérité eſt directement contraire ; elle ſe garde bien, ou d'iſoler des faits qui ſe tiennent, ou de confondre ceux qui ſont étrangers l'un à l'autre : elle eſt toujours la même, parce qu'il n'y a qu'une ſeule manière d'être vrai ; elle ſe fait croire en ſe montrant ; elle s'indigne quelquefois, mais elle n'outrage jamais : elle a préſidé au tableau que je vous ai tracé de la vie de Louis XVI, juſqu'au moment où il a accepté la nouvelle Conſtitution ; elle va préſider à celui que je vous dois encore des onze mois qu'il ſe ſont écoulés entre l'acceptation de Louis XVI, & ſa priſon ; entre l'établiſſement, & le renverſement de la Conſtitution.

J'envifagerai le Roi fous trois rapports principaux ; & réuniffant fous chacun d'eux les différens traits qui lui appartiennent, je vous ferai apprécier fucceffivement fa fidélité à la Conftitution,----fon adminiftration intérieure,---& fa conduite dans cette terrible crife, qui devait décider de la paix, ou de la guerre.

Fidélité de Louis XVI à la Conftitution.

Fidélité à la Conftitution, efforts pour la maintenir, facrifices nouveaux pour elle, quand on les croyait tous épuifés, voilà ce qu'a perfévéremment préfenté la vie de Louis XVI, pendant ces onze derniers mois.

Le jour même où il accepte la Conftitution, il fe hâte de le notifier à toutes les Puiffances de l'Europe. Par-là il frappe de néant & la circulaire de Padoue, & la déclaration de Pilnitz.

Il paraît au milieu des nouveaux Repréfentans. L'unique régulateur qu'il leur indique, le feul qu'il fe prefcrive à lui-même, c'eft la Conftitution : il leur recommande tous les objets qui peuvent en fixer la ftabilité ; promet fa confiance, follicite la leur ; oublie le Décret qu'ils ont rendu le premier jour, & annullé le fecond ; profère enfin ces paroles qui renfermaient un avis fi falutaire, & une fi terrible prophétie : " Que l'amour de la Patrie nous rallie toujours ; les " ennemis de notre repos ne chercheront que trop " à nous défunir." *

Il nomme des Miniftres : parmi eux il en eft avec lefquels il peut ouvrir fon cœur ; & à ceux-là, comme aux autres, il déclare qu'il veut marcher avec fidélité fur la ligne de la Conftitution, & que fes Miniftres

* Difcours du Roi, 7 Oct. 1790.

aient à le ſuivre. La preuve authentique de ce fait vous a été adreſſée. *

Il leur ordonne à tous de rédiger une Proclamation Royale, chacun dans ſon Département † ; & le but qu'il veut remplir, c'eſt que dans l'armée, ſur la flotte, au dedans, & au dehors, tout Français ſe ſoumette au nouvel ordre de choſes. Ceux qui veulent fuir leur Patrie, il les retient ; ceux qui ont déjà fui, il les rappelle : il ne veut pas qu'on croie le ſervir dans d'autres voies que dans celles de la Conſtitution. " *Mes vrais amis,* dit-il, *ſont ceux qui ſe réuniront à* " *moi pour maintenir & faire reſpecter les loix du* " *royaume.*" ‡

Les réponſes des Puiſſances Etrangères à ſa notification, arrivent ſucceſſivement. Une de ces Puiſſances avait refuſé de recevoir la dépêche § ; le Roi annonce qu'il va retirer ſon Ambaſſadeur, & la dépêche eſt reçue. Un Prince de l'Empire ¶, en répondant, s'était permis une proteſtation ; le Roi, inſtruit d'avance de ce que la Lettre contenait, la renvoie ſans l'ouvrir. Tous les autres Souverains adreſſent au Monarque Français des aſſurances de paix, & des ſouhaits de proſpérité ; beaucoup indiquent clairement que ces diſpoſitions amicales pour la Nation Française, ſont dues aux inſtances perſonnelles de ſon Roi, au reſpect qu'inſpirent ſes malheurs & ſes vertus. Louis XVI ne veut de crédit dans l'Europe que pour préſerver la France : il envoie ſon Miniſtre annoncer aux Repréſentans du Peuple ces heureuſes nouvelles, il les conjure de *l'aider, par de ſages loix, à ramener*

* Déclaration de M. de Bertrand-Molleville, Miniſtre de la Marine, Londres, 16 Nov. 1792.

† 13 Octobre 1791.

‡ Proclamation pour l'intérieur.

§ Le Roi de Suède.

¶ L'Electeur de Mayence.

les Français éloignés, à les réunir tous dans un même esprit de paix, & d'attachement à la patrie : il leur *fait part des démarches publiques & particulières qui, de son côté, tendent sans cesse à ce rapprochement.**

Deux Décrets sont portés à la sanction du Roi: l'un frappait sur son frère, mais était conforme aux loix constitutionnelles : on connaît assez Louis XVI pour sentir tout ce que l'homme devait souffrir; mais le Roi exécute la Constitution, il sanctionne le Décret †: l'autre était une violation formelle de la Déclaration des Droits, une espèce de St. Barthelemi de tous les Français, que la crainte, la persécution, les massacres avaient arraché à leurs demeures. Le Roi se refuse à sanctionner un projet qui offensait également & les loix de la Constitution, & celles de l'humanité. Mais une nouvelle Proclamation adressée à tous les Français absens, mais de nouvelles instances auprès des Princes, des députés qu'il leur envoie, trois lettres qu'il leur écrit de sa main, annoncent sans équivoque *& sa douleur, & son profond mécontentement d'une conduite qui trouble la tranquillité publique ;* il répète *qu'il a solemnellement & sincèrement accepté les nouvelles loix :* il répète *qu'il s'en remet au temps & à la réflexion pour les changemens que ces loix peuvent exiger.* Il les conjure, les uns par le nom de *frère,* les autres par le nom d'*ami* ; tous par celui de *Roi,* & *par ce désir de la paix,* auquel il a tant sacrifié, de rentrer dans leur patrie. Puis joignant une fermeté douloureuse avec sa bonté naturelle, en même temps qu'il leur dit : *Je vous saurai gré toute ma*

* Comptes rendus, de l'ordre du Roi, par M. de Montmorin, 31 Octobre, par M. Delessart, 16 Nov. & 24 Décembre 1791.

† 12 Nov. 1791.

vie de m'épargner la néceſſité d'agir en oppoſition avec vous; il dit auſſi, *je ſuis réſolu de défendre, par tous les moyens que les circonſtances pourraient exiger, & la ſureté de l'Empire qui m'eſt confié, & les loix au maintien deſquelles je ſuis attaché ſans retour.* †

† Proclamation du 12 Novembre 1791.

Sa nouvelle garde eſt formée; & les premiers mots qu'il lui adreſſe, c'eſt pour l'avertir que, créée par la Conſtitution, c'eſt là qu'elle doit apprendre ſes devoirs, & qu'il meſurera l'attachement à ſa perſonne ſur la ſoumiſſion aux loix.‡

‡ Diſcours du Roi à ſa garde.

C'eſt lui qui rappelle à l'Aſſemblée Légiſlative la Conſtitution lorſqu'elle s'en écarte*; c'eſt lui qui avertit l'Aſſemblée lorſqu'elle rend illuſoire la loi tutélaire de la reſponſabilité ¶; c'eſt lui qui, dans ſon Conſeil, lorſqu'on parle de l'*autorité royale*, répond, *il ne s'agit pas de mon autorité, il s'agit de mon ſerment, & de la Conſtitution* : c'eſt lui qui, quand un Miniſtre s'écrie, *cette Conſtitution ne peut marcher*, lui répond, *je l'ai jurée, il faut qu'elle marche*; c'eſt lui qui, quand un autre Miniſtre lit un projet de proclamation royale, dans lequel il avait écrit *mon Peuple*, s'écrie avec un accent déchirant, & les yeux gonflés de larmes, *dites le Peuple Francais; je ne puis plus dire* MON PEUPLE, *au moins, ce ſera toujours l'expreſſion de mon cœur* ‖; c'eſt lui enfin qui force les Miniſtres les plus conſtitutionnels, & les plus méfians, à reſpecter ſa bonne foi, à chérir ſa bonté, & à ſe dire l'un à l'autre, en ſortant d'avec lui : *il eſt plus prêt à ſacrifier encore, qu'à envahir**. Ah! s'il était vrai qu'on fût parvenu à ébranler jamais une réſolution auſſi déterminée, à l'écarter,

* Lettres du Roi à l'Aſſemblée, 24 Nov. 1791, 26 & 28 Janv. 1792.

¶ Lettre du Roi à l'Aſſemblée, le 19 Décembre 1791.

‖ Compte rendu, & Déclaration de M. de Bertrand, Mars 1791, & Nov. 1792.

* M. Cahier.

l'écarter, à l'arracher quelques minutes de la ligne qu'il ſuivait par conſcience, à travers tous les dégoûts & tous les dangers, ce ſerait le crime d'un autre, & ce ne ſerait pas le ſien. Combien il aurait fallu d'aggreſſions, d'injuſtices, pour vaincre tant de ſcrupule, & tant de réſignation ! Combien de fois il aurait fallu violer, à quel point il aurait fallu avoir anéanti la Conſtitution, pour la lui faire oublier un ſeul inſtant !

Mais cet inſtant, je ne l'ai pas encore vu. Que tous ſes Conſeils, quels qu'ils ſoient ; que tous les membres de l'Aſſemblée Légiſlative ; que tous ſes accuſateurs réuniſſent leurs recherches, & me montrent quelle eſt la meſure juſte & conſtitutionnelle, qui lui ait été propoſée, n'importe par qui, depuis le 14 Septembre 1791, juſqu'au 10 Août 1792, & à laquelle il ſe ſoit refuſé. Que ceux qui lui font un crime de n'avoir pas donné ſa ſanction à quelques Décrets, oſent venir à cette barre, tenant d'une main ces Décrets, de l'autre la Conſtitution, & qu'ils ſoutiennent le rapprochement que je ferai, s'ils l'exigent, entre cette Conſtitution & ces Décrets.

Citoyens, je crains d'avoir été trop loin ; je crains qu'il n'y ait une journée dans laquelle on puiſſe convaincre Louis XVI de n'avoir pas *maintenu de tout ſon pouvoir la Conſtitution.* Heureuſement pour ſa défenſe, c'eſt aujourd'hui la République qui exiſte. Si la Monarchie était encore, je ne ſais pas ce que Louis XVI pourrait répondre à l'homme qui lui dirait : „ La Conſtitution avait déclaré votre perſonne invio-

" lable & sacrée ; elle vous avait donné une garde ; " votre prérogative ne vous appartenait pas ; vous " nous étiez comptable de votre sureté, à laquelle " tenait la sureté de l'Etat ; de votre Majesté, qui " était la majesté nationale, concentrée toute entière " dans le chef héréditaire de la Nation. Cependant " vous vous êtes laissé enlever cette garde par un " abus de pouvoir qui était le renversement de la " Constitution, sans qu'on alléguât une seule cause " légitime, sans qu'on daignât justifier une seule " des inculpations vagues qu'on jettait à la multitude. " Vous avez vu disperser ces 1800 hommes, dont le " seul crime était d'être fidèles au Roi, & par con-" séquent à la Loi. De ce jour vous vous êtes livré " à la merci de vos ennemis, & vous nous avez livrés " en même tems que vous."

Citoyens, c'est ce jour qui a vu, qui a fait naître la République ; il ne sera donc pas imputé à crime à Louis XVI. Ce qui reste de cette journée, & de toutes celles qui lui ont ressemblé, c'est que Louis XVI a toujours été prodigue de ses sacrifices, & de sa sureté personnelle ; c'est que le 20 Juin, il a écarté tous ceux qui voulaient le couvrir de leurs corps, & s'est avancé, seul avec sa bonne conscience, au-devant des meurtriers, désarmés ce jour-là par son courage, & par sa vertu : c'est que le 22, dans une proclamation sublime, il a déclaré que si le sacrifice de sa vie était nécessaire au bonheur des Français, on pouvait *le consommer* §. Hélas ! le sacrifice est bien avancé ; en êtes-vous plus heureux ?

§ Proclamation dictée par le Roi, à M., de Monciel 22 Juin 1792.

JE

JE PASSE à ſon adminiſtration intérieure, & d'abord je cherche ſa puiſſance, ſa puiſſance même conſtitutionnelle, & j'ai de la peine à la trouver ; mais enfin, j'en vois les reſtes conſacrés au rétabliſſement de la paix, au retour de l'ordre, à la conſolation des malheureux. Je vois de toutes parts des proclamations, des correſpondances, des meſſages pour protéger la circulation des grains, la liberté des cultes, la propriété, la ſureté individuelle. Je vois des ſéditions, qu'il appaiſe ſans l'effuſion d'une goutte de ſang ‡ : je vois des ſoldats qu'il ramène à leurs drapeaux par la ſeule clémence †. Je vois des Miniſtres, qui étaient moins ceux du Roi, que ceux de l'Aſſemblée Légiſlative, obligés de dire à celle-ci, quand elle daigne ſonger à quelques moyens de paix, que *le Roi l'a prévenue* *. Je le vois ſe plaindre des calomnies dont on l'accable, non pour lui, mais pour la tranquillité publique, qui peut en recevoir des atteintes ¶. Je le vois porter ſa ſollicitude juſqu'aux dernières bornes de l'Empire Français. On apprend les déſaſtres de St.-Domingue ; les malheureux Colons, le déſeſpoir dans l'ame, & le deuil ſur leurs vêtemens, vont ſolliciter des ſecours, non plus, hélas ! pour prévenir, mais pour arrêter, s'il ſe peut, cet ouragan de feu qui balaie & dévore leurs habitations, & leurs familles. Ils ne trouvent d'eſpérances & de conſolations que dans la ſenſibilité de Louis XVI : il a déjà donné des ordres pour qu'on volât à leur défenſe ; il s'informe à chacun en particulier du malheur dont il a été atteint, & de celui qu'on peut encore détourner. Il

II. Adminiſtration intérieure de Louis XVI.

‡ Noyon.

† 25 Février 1792.

* Cahier de Gerville, 26 Janvier 1792.

¶ 31 Octob & 13 Novem. 1791, 13 Février 1792.

* 8, 9, 10, 14, 24 Nov. 19 Décembre 1791.

leur montre la douleur de la Reine unie à la ſienne; il ſollicite pour eux quand il ne peut plus ordonner. * Là, du moins, ils ſont plaints; là on s'efforce de les ſecourir. Ailleurs on rit de leurs peines; on inſulte à leurs calamités.

III. Conduite de Louis XVI, relativement à la guerre.

J'ARRIVE à cette grande queſtion de la paix ou de la guerre; j'examine bien la correſpondance diplomatique, les notes officielles remiſes de part & d'autre, les meſſages de l'Aſſemblée au Roi & du Roi à l'Aſſemblée, les rapports faits au Conſeil, la Séance royale du 20 Avril 1792, & je vois que le Roi eſt le ſeul qui ait peſé religieuſement une déciſion qui allait entraîner des conſéquences ſi redoutables.

Qu'on ne l'accuſe pas d'avoir appelé la guerre ſur la France; car il a voulu détourner loin d'elle ce fléau plus formidable que jamais; car il était parvenu à l'écarter, juſqu'au moment où le Miniſtre qui ſecondait ces intentions pacifiques, a été plongé dans une priſon; car il eſt prouvé aujourd'hui que jamais la France n'eût eu la guerre, ſi elle ne l'eut pas déclarée.

Prouvé par les Dépêches du Miniſtre Français envoyé à Coblents.

Prouvé par la Dépêche du Prince de Kaunitz, du 17 Février 1792.

Prouvé par la dernière Dépêche de l'Ambaſſadeur Français, à l'inſtant où il quittait Vienne,

Prouvé par le Mémoire que le malheureux Leſſart rédigeait dans ſon cachot.

Prouvé par la Lettre qu'il avait écrite à un de ſes Collègues, & que l'on n'a pu ſupprimer, ainſi que le Mémoire.

Prouvé enfin par tous les faits, plus irréſiſtibles encore que les écrits & les raiſonnemens.

Non, Léopold ne voulait pas la guerre quand il diſperſait ſi ſévèrement tous les Français raſſemblés dans ſes Etats, leur interdiſait tout achat d'armes, tout exercice, toute démonſtration militaire, & faiſait vendre ce qu'ils avaient pu raſſembler de munitions. (*a*)

Léopold ne voulait pas la guerre quand il ſignifiait à tous les Princes de l'Empire, que quiconque n'adopterait pas les mêmes meſures, ſerait abandonné par lui en cas d'attaque. (*b*)

Léopold ne voulait pas la guerre quand il était non-ſeulement ſévère, mais cruel, & forçait les Français expatriés à errer par les routes, à travers les neiges & les torrens, ne ſachant où repoſer leur tête. (*c*)

Léopold ne voulait pas la guerre quand il était non-ſeulement cruel, mais ingrat ; quand il pourſuivait d'aſile en aſile ce Prince de Condé qui, trente

---

(*a*) Décembre 1791 ; Janvier & Février 1792.

(*b*) Office de l'Empereur à l'Electeur de Trèves, lu à l'Aſſemblée Nationale, le 14 Janvier 1792, &c.

(*c*) Réquiſition de l'Empereur au Cardinal de Rohan, lue les 14 & 15 de Janvier.

ans auparavant, avait combattu ſi glorieuſement pour Marie-Thérèſe. (*d*)

Léopold n'avait pas même voulu la guerre lorſque, ſorti d'une Conférence où il avait ſongé à toute autre choſe qu'aux Français, il rentrait, vaincu par l'aſpect d'un Prince malheureux, & mettait ſon nom au bas de l'inſignifiante Déclaration de Pilnitz.

Le Fils de Léopold ne voulait pas la guerre, quand il déclarait qu'il ſuivrait en tout les principes de ſon Père ; il ne la voulait pas quand il laiſſait ſes frontières ſur la France tellement dégarnies, qu'attaqués au mois d'Avril, lui & ſon Allié n'ont eu d'armée pour agir, qu'à la fin du mois d'Août.

Enfin, & il faut renoncer à prononcer le mot d'évidence, ſi l'on réſiſte à celle que je vais offrir ; ce qui prouve juſqu'à la démonſtration, que les Puiſſances coaliſées ne voulaient pas la guerre, c'eſt la guerre qu'ils ont faite. Vous êtes vainqueurs, & la généroſité doit peu vous coûter. Haïſſez, ſi vous voulez, les Français qui ont porté les armes contre vous ; vous êtes leurs ennemis : mais ſupportez qu'on s'offenſe du traitement que leur ont fait éprouver leurs prétendus Alliés. Je vous demande ſi ceux-là s'intéreſſaient vivement aux Français expatriés ; ſi ceux-là auraient pris les armes pour les Français expatriés, qui, les armes à la main, n'ont pas daigné les comprendre dans le cartel d'échange de leurs priſonniers.

(*d*) Office de l'Electeur de Trèves du 8 Janvier ; Dépêches de M. de Sainte-Croix, lues à l'Aſſemblée, les 6, 16, & 19 du même mois, &c.

Louis XVI ne voulait pas la guerre quand il follicitait de Léopold, & de tout l'Empire, cette difperfion qui devait la prévenir. *

Louis XVI ne voulait pas la guerre quand il fe jettait au-devant de ce Décret rendu au milieu des élans de l'Affemblée Légiflative, & qui, une fois notifié à l'Empereur, n'eût plus laiffé d'efpoir pour la paix. †

Louis XVI ne voulait pas la guerre quand il envoyait fur les frontières cette Proclamation ‡ deftinée à y maintenir l'ordre, à y réprimer l'impétuofité, & à prévenir toute provocation hoftile, toute violation de territoire, objet des vœux fi ardens de quiconque defirait une rupture.

Direz-vous que Louis XVI aimait mieux livrer vos places fans défenfe, qu'affiéger celles de vos ennemis; aimait mieux attendre la guerre, que la déclarer?

Non, car en même tems qu'il cherchait à l'éviter, il fe préparait à la foutenir.

Non; car à la réception du feul office, dans lequel le Prince de Kaunitz ait voulu effayer le ton de la menace, Louis XVI répondit avec une telle fermeté, qu'elle excita & les *remercimens* & les *applaudiffemens* de l'Affemblée Nationale. §

Non; car dès que la poffibilité de la guerre eût été annoncée, ce fut Louis XVI qui preffa l'Affemblée

---

* 11 Décembre 1791. † Décret de Hérault, 24 Janvier 1792. — ‡ 4 Janvier. § 31 Décembre; 14 & 17 Janvier.

pour les préparatifs ; & ce fut l'Assemblée qui répondit que *les mesures pouvaient être remises au tems où la guerre serait déclarée.* *

Non ; car pendant toute la durée de ces interminables débats, c'était un Ministre de Louis XVI qui *pressait*, qui *conjurait*, qui *suppliait* l'Assemblée de s'occuper de tout ce qui était nécessaire pour entrer en campagne : c'était lui qui se plaignait, le 27 Décembre, *du retardement apporté aux achats* ; & le 7 Février, *de l'obstacle apporté aux transports* : c'était lui qui, le 11, le 16, & le 21 Janvier, *sollicitait le complètement de l'armée en hommes & en chevaux* : c'était lui qui, le 23, était réduit à demander *quel inexplicable sentiment pouvait entraîner à vouloir la guerre, & à rejetter tous les moyens d'avoir une armée* : c'était lui qui, le 7 Février, était réduit à dire *qu'il était dangereux de renvoyer, à la veille du Manifeste, ce qui importait au service de l'armée* : c'était lui qui, le 16, faisait *la longue énumération de tous les objets sur lesquels il avait inutilement sollicité l'Assemblée, depuis le 30 Octobre jusqu'au 10 Février, date par date* : (a) c'était encore un Ministre de Louis XVI, qui, trouvant dans les lenteurs de l'Assemblée, la plus belle occasion de désorganiser l'armée, de mettre toutes les places frontières en état d'insurrection, & de perdre

* Discours de Gensonné, 29 Décembre 1791.

(a) Voyez tous les Discours, & toutes les Lettres de M. de Narbonne à l'Assemblée.

Valenciennes, *follicitait le zèle d'un bon citoyen, & lui faifait faire le change des affignats pour le prêt des troupes* : c'était lui qui, à la veille de guerre, ne pouvait obtenir un Décret, ni pour le *commandement des places*, ni pour le *remplacement des Officiers*, ni pour LA RÉPARATION DES FORTIFICATIONS. (*b*)

Enfin, non ; car le Roi lui-même ne ceffait, ou d'envoyer des meffages, ou d'écrire des lettres à l'Affemblée, tantôt pour encourager, par des récompenfes anticipées, les Généraux fur lefquels fe portait la confiance nationale, tantôt pour exciter la bonne volonté des foldats ; un jour pour lever de nouvelles légions, un autre pour créer cette artillerie à cheval, à laquelle vousa vez dû tous vos fuccès.

Nous lui avons fait déclarer la guerre pour l'éprouver, a dit un membre de l'Affemblée Légiflative : certes vos *épreuves* font chères ; mais enfin le but de celle-ci a été rempli : il ne vous refte plus qu'à en payer le prix. Vous avez *éprouvé* ce que c'eft qu'un Prince prodigue de fes dangers, mais avare du repos,

(*b*) Voyez les Lettres & les Difcours de M. de Graves, fa Déclaration fous ferment, & le Mémoire particulier qu'il y a joint, finiffant par ces mots : *Tous ces faits, dont on peut acquérir les renfeignemens les plus détaillés, prouvent que les démarches les plus actives & les plus franches furent propofées, de la part du Roi, par fes Miniftres ; & lorfqu'on remarque la lenteur incroyable de l'Affemblée, à prendre en confidération les démarches les plus importantes, & les plus preffées, on eft étonné que ce foit Louis XVI, & non la dernière Légiflature, qu'on ofe accufer d'avoir fait tout ce qu'il fallait pour déforganifer l'armée.*

des fortunes, & du sang de ses Peuples---- Vous avez *éprouvé* ce que c'est qu'un Roi qui veut concilier tous ses devoirs, qui s'immole à sa conscience, & qui succombe à la nécessité.... Vous avez *éprouvé* combien est grande cette inégalité désespérante de la bonne foi contre l'artifice, dans la plupart des luttes politiques. Mais vous, maintenant ! Vous avez été de triomphe en triomphe ; & à Dieu ne plaise que je vienne vous porter ici de sinistres présages ! Mais je me rappelle ce Romain qui s'écriait douloureusement : *Quand cesserons-nous de vaincre ?* Mais j'ai entendu des Français murmurer que vos Ministres vous trompaient sur l'état de vos armées, vos Généraux sur l'état de vos pertes, vos trésoriers sur l'état de vos ressources ; qu'après l'agitation des combats, & les cris de la victoire, viendrait le moment du silence & de la stupeur, en voyant les maladies, la dépopulation, & la misère publique. Je désire sincèrement que ces craintes ne se réalisent pas ; mais si la dernière issue de cette guerre n'était pas heureuse, Peuple Français, souvenez-vous que Louis XVI a voulu vous en préserver ; que seul, dans cet instant, il a eu des idées d'humanité, quand on ne rencontrait par-tout que des idées de haine. Souvenez-vous de ce que son Ministre a dit de sa part (*), & de ce que lui-même a écrit de sa main à l'Assemblée Nationale (†) :

(*) Discours de M. de Lessart, 17 Janvier 1792.

(†) L'humanité défend de mêler aucun mouvement d'enthousiasme à la décision de la guerre ; une telle détermination doit être

ſouvenez-vous de la pieuſe terreur qui l'a porté à ſe faire remettre l'opinion écrite, & ſignée, de tous les Conſeillers qu'on lui avait alors donnés ; ſouvenez-vous de l'altération de ſes traits & de ſa voix, lorſque cédant à l'unanimité du Conſeil, il eſt venu, au milieu du Corps Légiſlatif, donner avec douleur ce ſignal, reçu avec tranſport au-dedans de la Salle, & avec apathie au dehors.

IV. Guerre inteſtine. Dévouement du Roi.

CITOYENS, la guerre extérieure eſt déclarée, & Louis XVI en a une inteſtine à ſoutenir dans l'intérieur de ſon Palais. Ses ennemis ſont par-tout ; ils rempliſſent l'Aſſemblée Légiſlative, la Municipalité, ſon propre Conſeil. Ses gardes lui étaient fidèles : on les lui a ôtés. La garde nationale voulait l'être : on l'a décompoſée. Les régimens de ligne l'avaient conſolé, par leurs hommages, d'une journée entière d'inſultes : on les a fait partir. Les Suiſſes reſtaient, inébranlables dans leur foi : on l'a obligé d'en éloigner une partie, & on veut lui enlever le reſte. Les membres du Département le défendaient au nom de la Loi : on les a forcés de ſe taire, de fuir, ou de ſe démettre. Des Conſeils plus purs s'étaient approchés du trône : on a chaſſé les uns, & l'on menace les autres.

---

l'acte le plus murement réfléchi ; car c'eſt prononcer, au nom de la patrie, que ſon intérêt exige d'elle le ſacrifice d'un grand nombre de ſes enfans. *Lettre du Roi à l'Aſſemblée Légiſlative, 28 Janvier 1792.*

Des hommes du midi ſont arrivés dans la Capitale; ils y ſont entrés à une heure : à cinq, le ſang des gardes nationales avait coulé. Le Maire du 20 Juin était ſuſpendu : on l'a rétabli, & il eſt venu demander la déchéance du Monarque. Un Général voulait donner ſon armée à la Loi, & au Roi : on a porté une accuſation contre lui. L'accuſation a été rejettée ; & la majorité des Repréſentans du Peuple a été pourſuivie *à coups de pierre, à coups de couteaux*, a vu deſcendre pour elle *la fatale lanterne*, par ordre de la minorité (*). Le Commandant des gardes nationaux était à ſon poſte pour maintenir la tranquillité ; il a été *attaqué* & *ſabré* (†). Le Miniſtre de la Juſtice (‡), réclamant l'exécution des Loix, n'eſt pas même écouté. Le nom ſeul de *Conſtitution* eſt couvert de huées (¶) par ceux qui ont juré de la maintenir. La terreur & l'agitation ſont dans tous les quartiers de la ville ; des cris menaçans retentiſſent dans ſes rues abandonnées : des mouvemens nocturnes, des cliquetis d'armes, des tranſports d'artillerie, font croire qu'on eſt dans une ville menacée d'aſſaut. Tout marche vers une grande cataſtrophe. Louis XVI ſe refuſe à tous les moyens de s'y ſouſtraire ; il a réſolu

---

(*) Voyez le détail de la Séance du 9 Août 1792 : *Moniteur* du 11, N° 224.

(†) Lettre de M. de Joly, 8 Août. (‡) *Ibid.*

(¶) *Moniteur* du 11, page 940, Col. 3.

d'être ſauvé par la Loi, ou d'être martyr de la Loi: déjà il ne dort plus; tantôt ſes inquiétudes pour la ſureté publique, tantôt ſes ſerviteurs pour le préſerver d'un danger perſonnel, tantôt ſes ennemis, dans la crainte qu'il ne leur échappe, viennent l'arracher de ſon lit : la nuit fatale arrive ; & le tocſin ſonne !...

Citoyens, je ſens que je dois m'arrêter ; mais il eſt des détails que je tranſmettrai à l'hiſtoire. Ce n'eſt pas d'aujourd'hui que la Municipalité du 2 Septembre a été dénoncée dans cette enceinte : je ne craindrai donc pas d'unir ma voix au cri qu'ont élevé contre elle tant de membres de la Convention. Telle a été, ſous cette Municipalité, la profuſion des crimes, que ſouvent l'un empêchait l'effet de l'autre. Ainſi, tandis que le plaiſir de tourmenter des malheureux faiſait condamner *au ſecret* quiconque était précipité dans les cachots, la ſoif de multiplier les victimes rendait toutes les priſons inſuffiſantes pour les contenir ; & comme on ne peut tout à la fois entaſſer, & ſéparer, il en a réſulté des communications forcées, il en a réſulté des lumières, que, ſans cette complication de barbaries, jamais on n'eût acquiſes. Ainſi moi, je ſuis reſté enfermé, pendant cinq jours, avec trois de ces victimes, que j'ai quittées la veille du jour où elles ont été égorgées. L'une cependant avait été acquittée par le *Jury ſpécial* (†) ; l'autre s'était rendue en pri-

(†) M. de Montmorin, Gouverneur de Fontainebleau.

ſon, volontairement & ſans gardes (‡) : la troiſième était un Officier Suiſſe*, un enfant de 18 ans, bien étranger à toutes les queſtions politiques, qui ne connaiſſait que ſon ſervice & les ordres de ſes chefs ; il joignait à la candeur de ſon âge une ſimplicité de caractère admirable, une modération qui déchirait, quand on la rapprochait du traitement barbare qu'il éprouvait. J'ai écrit, ſous ſa dictée, l'hiſtorique, minute par minute, de la nuit & de la matinée du 10 Août. J'ai emporté mon écrit. J'ai comparé ſon récit avec celui que traçaient, au même inſtant, dans d'autres priſons, des Officiers du même Corps; avec ceux que faiſaient imprimer, en Hollande, ou en Angleterre, des victimes échappées : jamais la vérité n'eſt ſortie de pluſieurs bouches, avec un ſi parfait accord ; jamais elle ne s'eſt montrée avec un caractère plus victorieux. Citoyens, j'affirme que, dans la matinée du 10 Août, LES SUISSES N'ONT PAS TIRÉ LES PREMIERS.

V. Conduite de l'Aſſemblée Légiſlative. Journée du 10 Août.

CITOYENS, à côté de la conduite de Louis VXI, pendant ces onze derniers mois, je dois ſans doute placer celle du Corps Légiſlatif. Vous me récuſeriez peut-être ; auſſi n'eſt-ce pas moi que vous allez entendre. Un écrivain au-deſſusde tout ſoupçon ſur ces matières, un homme qui *ſavait* tandis que je *con-*

(‡) M. l'Abbé de Boiſgelin, neveu de l'Archevêque d'Aix.

(*) M. de Diesback.

jecturais, qui était *acteur* lorsque je n'étais que *témoin*: enfin, un des chefs les plus actifs, & les plus accrédités parmi ceux qui conduisaient l'Assemblée Législative, nous en a dévoilé l'esprit, nous en a tracé la marche. C'est lui qui va parler par ma voix.

CETTE Assemblée, Révolutionnaire dès ses premiers instans, prit les moyens de préparer, indirectement, une insurrection, qu'elle regardait comme nécessaire, mais qu'elle ne pouvait opérer directement. En conséquence elle désorganisa elle-même la force armée de Paris ; elle cassa l'Etat-major ; elle renvoya les troupes qui se trouvaient ici ; elle ferma les yeux sur l'impuissance des autorités constituées ; elle arma tous les citoyens de piques ; elle leur ouvrit les portes des Thuilleries, où le TYRAN s'était enfermé.... elle avait voulu faire venir vingt mille hommes à Paris.... le DESPOTISME avait vu avec effroi cette réunion.... malheureusement les vingt mille hommes n'étaient pas venus.... les volontaires nationaux furent appelés.... ceux que mon département a fournis, avaient fait deux cents lieues en onze jours.... ils étaient ici pour le 10 *Août.... la Révolution se fit.*

Citoyens, vous reconnaissez le texte littéral du discours qui vous a été adressé le Samedi 10 Novembre, par le Citoyen Cambon, membre de l'Assemblée Législative, & aujourd'hui, de la Convention *

(*) Voyez le Journal de France du Dimanche 11 Novembre 1792, N° 51 ; & le *Moniteur* du 13, N° 317.

Je ne demanderai point à Cambon ce qu'il entend par ces expreſſions de *tyran*, de *deſpotiſme*, appliquées à un Roi *ſur l'impuiſſance duquel on fermait les yeux*; à un Roi *dont on renvoyait les troupes* à volonté, & dont *on ouvrait les portes* malgré lui; à un Roi contre lequel on a été impunément *en inſurrection dès les premiers inſtans* où on lui avait juré fidélité. Je cite, & ne juge point.

Au tableau général que vous venez de voir, & qui embraſſe toute l'exiſtence de l'Aſſemblée Légiſlative, depuis *ſes premiers inſtans*, je crois devoir joindre quelques tableaux particuliers, plus ſpécialement conſacrés à recueillir les réſolutions & l'exécution immédiates du grand événement qu'a vu naître le 10 Août. Citoyens, je trouve encore un travail tout fait à cet égard; j'échappe encore, & à l'embarras de vous paraître ſuſpect, & à la crainte de vous paraître offenſant.

Citoyens, je demande d'abord qu'un de vos Secrétaires faſſe lecture du récit de la Séance tenue par l'Aſſemblée Légiſlative, le 9 Août 1792, inſéré dans le *Moniteur* du Samedi 11.

(Lecture N° 1.)

Citoyens, je vous prie d'ordonner qu'un de vos Secrétaires faſſe lecture du dixième Paragraphe du diſcours qu'a proféré, devant vous, le Citoyen Louvet, le 29 Octobre.

(Lecture N° 2.)

Je

Je demande qu'on lise le septième Paragraphe du Discours qui vous a été adressé par Barbaroux, le 30 Octobre.

(Lecture N° 3.)

Je demande qu'on lise l'onzième & le quinzième Paragraphe du Discours prononcé à la Tribune, par Robespierre, le 5 Novembre.

(Lecture N° 4.)

Je demande qu'on lise le dernier Paragraphe du Discours de Collot d'Herbois, dans la Séance tenue par les Jacobins le 5 Novembre.

(Lecture N° 5.)

Je demande qu'on lise les neuf premiers Paragraphes du Discours imprimé, par Jérôme Péthion, le 10 Novembre.

(Lecture N° 6.)

Je demande qu'on lise le huitième Paragraphe de la Lettre écrite, le même jour, aux Jacobins, par Jérôme Péthion.

(Lecture N° 7.)

Je demande qu'on lise l'*Extrait* (inséré dans le *Moniteur* du 21 Novembre 1792) *du Compte rendu par Jérôme Péthion, à ses Concitoyens*, depuis le premier jusqu'au 27eme Paragraphe inclusivement.

(Lecture N° 8.)

Citoyens, je n'ai plus rien à dire sur la journée du 10 Août.

VI. Première époque de l'accusation.

LOUIS XVI est enfermé dans la Tour du Temple, avec la Reine, sa Sœur, & ses Enfans. Il y a été conduit par la volonté, ou par la défection du Corps Législatif, qui le matin du 10 Août l'a reçu en Roi, lui a envoyé une députation, lui a dit *qu'il pouvait compter sur la fermeté de l'Assemblée*; *que tous ses membres avaient juré de mourir en soutenant les autorités constituées*; qui, quatre heures après, l'a suspendu; le soir, l'a fait prisonnier; le lendemain, l'a séparé d'avec les amis qui lui restaient; le troisième jour, l'a *livré* à la Municipalité.

Que dire à toute la France qui attend un compte?

Le lendemain du 14 Juillet 1789, on avait publié une *Conspiration du Roi*, pour réduire Paris en cendres.

Le lendemain du 6 Octobre, on avait publié une *Conspiration du Roi* pour aller, dans Metz, donner le signal de la guerre civile.

Le lendemain du 11 Avril, on avait publié une *Conspiration du Roi* pour aller, de St.-Cloud, au-devant d'une armée Autrichienne, que Léopold lui envoyait.

Le lendemain du 10 Août, il fallait bien que le Roi eût formé quelque nouvelle *Conspiration*. Il fut prononcé, dans cette enceinte, *que ce n'était pas la Nation qui avait assiégé le Château, mais que c'était le Château qui avait assiégé la Nation!* *

Des Particuliers fouillent dans le secrétaire de la Reine; des Commissaires forcent le secrétaire du Roi; des inconnus trouvent, dans les poches des Suisses qu'on vient de tuer, ce Plan de Conjuration,

* Séance du 12; *Moniteur* du 14.

que, depuis trois ans, il était d'ufage de trouver dans les poches de tous ceux qu'on avait maffacrés*. Les fcellés font mis chez l'Intendant de la Lifte Civile, chez le Tréforier, chez les Miniftres anciens & nouveaux, chez les commis des commis ; l'on apporte, ou l'on annonce fucceffivement à l'Affemblée, tous les papiers deftinés à établir la Confpiration de Louis XVI contre la Liberté publique, & l'Affemblée en ordonne la publicité.

PEUPLE FRANÇAIS ! je viens ici m'unir à vos reffentimens : ils étaient juftes pour vous ; & fans en approuver les excès, j'en excufe au moins les motifs.

Oui, votre indignation devait être à fon comble, quand on venait vous dire : « C'eft Louis XVI qui « a fait marcher contre vous les armées de Pruffe « & d'Autriche ; c'eft lui qui les appelle dans la « Capitale, pour y porter le fer & la flamme ; c'eft « la Sœur de la Reine qui dirige ces foldats du Def« potifme, & voici une Lifte des *Protégés* que la « Reine *recommande de fa main à l'Archiducheffe*, pour « préferver leurs perfonnes & leurs biens dans les « jours de ruine & de carnage. » †

Oui, votre indignation devait être à fon comble, quand on venait vous dire : « Le Roi des Français a « eu, jufqu'à ce jour, à fa folde fur les bords du « Rhin, toute une Maifon Militaire, deftinée à por« ter la guerre au fein de la France ; un Mémoire du

* M. de Belzunce, M. de Voifins, &c. &c.

† *Moniteur* du 17 Aroût.

" Capitaine des Gardes, les comptes du Tréforier " de la Lifte Civile, tout fe réunit pour l'attefter : " enfin *nous avons trouvé, dans le fecrétaire de Louis* " *XVI, l'état de la dépenfe de la Maifon du Roi de* " *France à Coblentz.*" †

Oui, votre indignation devait être à fon comble, lorfqu'on venait vous dire, dans cette Tribune, fyllabe par fyllabe : *il eft évidemment prouvé que la Cour des Tuileries était le foyer de la Conjuration de Coblentz ; nous avons entre les mains des Lettres à l'adreffe des Généraux Autrichiens, & des réponfes de ceux-ci, qui font voir que nos ennemis étaient mieux inftruits des plans de campagne futurs, que nos propres Généraux.**

Mais fi le jour même où toutes ces affertions ont été produites devant vous, dans un lieu, par des perfonnages, & avec un ton qui ne vous permettaient pas le doute, quelque ami de la vérité vous eût prouvé que c'était autant de fables, n'eft-ce pas que votre indignation fe fût détournée de Louis XVI ; que vous en euffiez accablé ceux qui voulaient vous tromper pour le perdre ; & que, quant à lui, vous auriez plaint, confolé, peut-être vengé, je ne dirai pas le Roi, mais l'homme, quel qu'il fût, fi injuftement pourfuivi, & fi outrageufement calomnié ?

Eh bien ! Peuple Français, il n'y avait pas un mot, pas un feul mot, qui fût vrai dans ce qu'on vous difait alors.

---

† Bazire, Séance du 15 ; *Moniteur* du 17 Août 1792. Merlin, Séance du 19 ; *Moniteur* du 21. * Goyer, Séance du 15.

Cette prétendue Note de la Reine à l'Archiducheſſe ſa Sœur, eſt une Note de MARIE-THÉRÈSE à ſa Fille Dauphine de France. MARIE-THÉRÈSE *recommandait les Gens de ſa connaiſſance* à ſa Fille, qui venait d'épouſer Louis XVI. La plupart des perſonnes *recommandées*, ſont mortes depuis 6, 8, 10 années, & par-delà : c'eſt le Duc de Choiſeul, Miniſtre, & ſon frère le Duc de Praſlin ; c'eſt le Duc d'Aumont ; c'eſt le Comte de Broglio ; c'eſt l'Archevêque de Lyon Montazet ; c'eſt M. d'Hautefort ; c'eſt M. d'Aubeterres ; c'eſt ce vieux Maréchal d'Estrées, dont vous vous ſouvenez à peine.

Quant à *la maiſon militaire, payée par le Roi à Coblentz*, Louis XVI avait conſervé une penſion de retraite à ſes anciens Gardes-du-Corps, comme l'ont toujours obtenue tous les Officiers réformés ; & peut-être ces Gardes-du-Corps, qui avaient prouvé leur dévouement pour le Roi, juſqu'à ſe laiſſer immoler plutôt que de lui déſobéir en tirant ſur le Peuple, auraient-ils eu droit à conſerver cette penſion, quelque part qu'ils fuſſent, amis ou ennemis ; car 1200 hommes ne pouvaient pas conquérir la France, & Henry IV, qui devait moins aux Pariſiens, que Louis XVI ne doit à ſes Gardes, leur envoyait des vivres en les combattant. Mais la vérité eſt, qu'après le Décret qui a aſſujetti le paiement des penſions au certificat de réſidence, le Roi a donné à l'Intendant de la Liſte Civile « l'ordre de ne plus payer aucun « traitement à ſon ancienne Maiſon Militaire, *parti-* « *culièrement aux anciens Gardes-du-Corps,* que ſur un « certificat de réſidence ; de ne plus les payer en

« masse, mais individuellement, & en joignant à « chaque quittance le certificat de résidence de chaque « individu. » Au mois de Novembre 1791, l'Intendant de la Liste Civile a écrit au Trésorier pour lui intimer les ordres du Roi. Le Trésorier a remis une ampliation de cette Lettre au Chef du Bureau de la Trésorerie, que regardait cette partie, en lui recommandant expressément de s'y conformer. Les états nominatifs ordonnancés lui ont été envoyés pour acquitter les six derniers mois de 1791. Vous savez que des états prouvent les paiemens à faire ; mais que les quittances seules prouvent les paiemens faits. En comparant les uns & les autres, on voit qu'il n'y a pas eu un seul Garde-du-Corps émigré, qui ait rien reçu. Enfin le Trésorier de la Liste Civile, que l'on avait osé citer, a déposé, sous la foi du serment, tous les faits que vous venez d'entendre.

Restent *les Lettres à l'adresse des Généraux Autrichiens, & leurs réponses*. Accusations, pièces, tout est produit maintenant, tout est épuisé. Vous n'avez pas vu ces *Lettres* ; vous ne les verrez jamais ; ceux qui vous disaient qu'*ils les avaient entre les mains*, ne les avaient pas.

Peuple, voilà certainement de grandes questions éclaircies entre nous, avec bien de l'évidence, & en bien peu de momens.

« Pourquoi donc, » allez-vous dire, « n'avons-nous « pas été instruits plus tôt ? Nous ne sommes pas « barbares, & nous ne nous complaisions pas dans « la haine.... Nous ne sommes pas injustes, & nous « ne voulions pas poursuivre l'innocence..... Nous ne

“ ſommes pas ingrats, & s'il n'eſt pas vrai que Louis
“ XVI, qui, toute ſa vie, avait été un Roi ſi populaire,
“ ait été ſubitement métamorphoſé en tyran; quelque
“ ſoit le Gouvernement qu'il nous plaiſe de nous
“ donner, eh mais! nous ne pouvons pas oublier
“ que, tant qu'il nous a gouvernés, il n'a voulu
“ que notre bonheur. Nous ne pouvons pas oublier
“ que, ſans lui, nous n'aurions pas eu nos Aſſemblées
“ Nationales. Ah! c'était bien aſſez que le change-
“ ment de nos idées politiques lui coutât tant de
“ ſacrifices! Il fallait nous épargner la honte & le
“ tourment de tout ce qu'il a ſouffert depuis 4 mois.
“ Pourquoi nous a-t-on *caché la vérité?*”

Pourquoi on vous l'a cachée, Peuple? Parce que, pendant quatre mois, il n'y a pas eu en France un ſeul moyen de vous la découvrir—Parce que le petit nombre de paroles qui vient de me ſuffire, pour la faire entrer toute entière dans vos ames, il ne ſe ſerait pas trouvé dans toute la France un Imprimeur qui osât les publier—Parce qu'en parlant de la *Liberté de la Preſſe*, on avait briſé toutes les Preſſes qui n'étaient pas dévouées aux ennemis de Louis XVI, banni les propriétaires, diſperſé les ouvriers, égorgé les écrivains—Parce qu'en parlant de la *Liberté du Tranſit*, on arrêtait non-ſeulement d'une province, non-ſeulement d'une ville, mais d'une rue à une autre; & qu'on fouillait dans les papiers, dans les vêtemens, ſans diſtinction de ſexe, avec un égal mépris pour les loix & pour la pudeur—Parce qu'en parlant de la *Liberté de la Penſée*, on allait chercher vos penſées juſques dans le ſecret de vos aſyles domeſtiques, juſques dans la cendre de vos foyers, où les restes de quelques lignes brûlées formaient un corps de délit—Parce que deux hommes ne se rencontraient pas sans terreur, & ne se regardaient pas sans soupçon—Parce qu'enfin la prison était là toujours ouverte, la hâche toujours levée, pour quiconque trahirait par un mot, par une larme, le secret de son cœur déchiré—Parce qu'à jour nommé, il a fallu que tout fût complice, ou victime, des hommes du 2 & du 9 Septembre.

Et cependant la France était inondée du déluge de ces accusations, qu'il était aussi impossible de combattre, que facile de réfuter ; on assignait un fonds public pour les imprimer *. On les envoyait aux chefs militaires, avec ordre de les faire lire aux soldats dans chaque chambrée †; aux administrateurs, avec ordre de les faire lire au prône dans chaque paroisse § ; un ministre se vantait d'en avoir distribué aux seuls tribunaux, QUARANTE-QUATRE MILLE EXEMPLAIRES ‡. On trouvait par-tout l'annonce d'une *Note de la Reine à l'Archiduchesse....* l'annonce de *paiemens faits par le Roi à sa maison militaire de Coblentz....* l'annonce de *Lettres écrites aux Généraux Autrichiens, répondues par eux, actuellement entre les mains du Corps Législatif.* Des adresses de l'Assemblée, des Proclamations du Ministère les reproduisaient chaque jour, & sous toutes les formes ¶. *Juges-de-paix, Notaires, tous les hommes publics,*

* Décrets du 17 Août. † *Ibid.* § *Ibid.*

‡ Discours de Roland à l'Assemblée, 20 Août.

¶ Adresse aux Français, 13 Août ;—aux Citoyens de Paris, 15 ;—aux Français, 19 ;—à l'armée, 19 ;—aux Français, 3 Sept. &c.

publics, jusqu'aux *Maîtres d'école*, étaient invités, officiellement, *à rassembler le Peuple, pour lui en faire entendre une lecture périodique* †; des *commissaires* en en titre étaient chargés d'aller *les distribuer daus tous les départemens*. Ils devaient *emporter de Paris une provision, avertir lorsqu'elle serait épuisée, & recevoir de nouveaux envois*. Ils devaient *éviter l'économie dans leur distribution, visiter tous les Clubs, parcourir les petites villes & les campagnes écartées des routes*. Ils devaient enfin, aux termes de leurs instructions écrites, *exciter l'énergie du Peuple.... l'élever... la soutenir au plus haut degré d'ardeur* ‡. Ainsi tout dénonçait, rien ne justifiait. Peuple, vous avez dû croire ce que vous avez cru. Vous avez dû sentir ce que vous avez senti. Je vous plains & vous venge, en même tems que je plains & venge votre Roi. Je n'accuse personne nominativement, mais je dois dénoncer les faits sous peine de trahir l'innocence, & de vous trahir vous-mêmes. Je vous avais annoncé des *vérités déchirantes, même des vérités sévères*; les voilà: je défie qu'on les nie; & j'ai rempli mon devoir.

† Proclamation de Roland, 1er Sept.

‡ Instructions destinées à diriger la conduite des Commissaires Patriotes envoyés par le Conseil Exécutif dans les Départemens. *Moniteur* du 12 Sept.

Citoyens, d'après ce que vous venez d'entendre sur les trois principaux griefs allégués contre Louis XVI à cette première époque de l'accusation, vous imaginez bien que je me crois dispensé d'entrer dans un grand examen sur les autres.

Qu'importe ce recueil bisarre de pièces trouvées, a-t-on dit, chez l'infortuné Laporte, chez son Secrétaire, chez ses commis? Que signifient toutes ces lettres, tous ces fragmens, vrais ou faux, la plupart sans date, sans signatures, sans adresses; écrits dans tous les fens, mais fur-tout dans le fens le plus anti-ariftocratique ? Qui ne fait qu'un homme en place eft affailli par des folliciteurs de tout genre, par des projets de toute efpèce ? Qui ne fent combien ce qui eft commun dans des tems ordinaires, doit devenir fréquent dans un tems de Révolution & de misère ?

Mais, dit on, cette lifte de pamphlets, d'auteurs, d'imprimeurs, foudoyés par la Lifte Civile ? Ma réponfe fera courte. Je fuppofe que le Roi ait connu & approuvé cette mefure générale ; car je ferais abfurde d'admettre qu'il a pu en connaître les détails. Eh bien ! je demande de quel front ceux qui font convenus qu'ils attaquaient le Roi avec des *piques*, lui font un crime d'avoir permis qu'on le défendît avec des pamphlets ?

Je ne crois pas être téméraire en concluant qu'il ne refte rien des charges produites contre le Roi, à la première époque.

Avant de la quitter, je dois fixer vos efprits fur un point capital. Même dans le fort de l'infurrection du 10 Août, lorfque des hommes, fortant du milieu de l'incendie & du carnage, venaient à la barre dicter des Décrets à l'Affemblée Légiflative, l'idée de pourfuivre criminellement Louis XVI ne s'était pas préfentée. *La déchéance du Roi*, voilà le feul vœu qu'avaient énoncé tous les pétitionnaires, depuis les nouveaux Repréfentans de la Commune, jufqu'aux individus. *La révocation de l'autorité déléguée à Louis XVI*, voilà la feule queftion relative au Roi, que foumettait à la Convention Nationale future, le Décret qui avait appellé cette Convention. Ainfi, vous tous qui la compofez, vous qui avez été nommés par le Peuple, en vertu & dans l'intention de ce Décret; vous n'avez reçu de pouvoir que pour juger ce que ce Décret avait mis en question *.

JE PASSE à la feconde époque de l'accufation. L'Affemblée Légiflative eft diffipée ; la Convention Nationale eft formée ; la Royauté eft abolie ; Louis XVI devait, dans l'inftant même, être mis hors de caufe, & en pleine liberté. On oublie le titre qui a raffemblé la Convention, qui l'appellait à un jugement politique, & nullement à une procédure criminelle. On n'avait à prononcer que fur l'abdication du Roi ; on veut prononcer fur fa vie. Un nouvel accufateur † fe préfente au nom de la Commiffion des 24; il annonce que cette Commiffion *a tout vu, tout lu* (TOUT, Citoyens) ; & il promet qu'à fa voix *le cahos va difparaître*. Ecoutons.

VII. Seconde époque de l'accufation.

† Rapport de Valazé, 6 Novembre.

Citoyens, je refte confondu ; cet accufateur qui a *tout vu*, n'a *rien vu* de tout ce qu'on avait annoncé à la première époque de l'accufation.

Au lieu de la Note écrite par la Reine à fa Sœur l'Archiducheffe, on produit, pour prouver la Confpiration, une carte d'entrée au Château, donnée à M. d'Epreſménil, par l'Infpecteur des Tuileries.

Au lieu de Lettres écrites aux Généraux Autrichiens, & des réponfes de ceux-ci, on cite, pour

* Voyez les pétitions & le Décret dans le Procès-verbal de la Séance du 10 Août.—Vous *n'avez pas indiqué feulement la Convention Nationale pour prononcer la déchéance ou la réintégration du Pouvoir Exécutif ; mais elle aura à juger fi le Peuple Souverain veut un Roi, ou n'en veut pas.* Difcours de Cambon, Séance du 15 Août, —*Quand même la Convention Nationale rétablirait le Roi fur le trône, nous aurions encore le droit de ne pas reconnaître la Royauté.* Difcours de Fauchet, 4 Septembre.

prouver l'intelligence avec la Cour de Berlin, un voyage du Général Bouillé aux Tuileries, au mois de Juillet 1792 ; & le Général Bouillé n'a pas mis le pied en France depuis le mois de Juin 1791.

Des faits *incontestables*, prouvés par des déclarations anonymes à la Police, qui n'a rien découvert ; une fable de deux bâteaux chargés de boulets, que personne n'a vus, & qui appartenaient au Roi, parce que, dit le Rapporteur, *il fallait bien qu'ils appartinssent à quelqu'un* ; des dépôts d'armes & d'uniformes, *auxquels les plus incrédules ont ajouté foi, malgré l'inutilité des recherches* ; un accaparement de sucres & de bled, impossible, je ne dirai pas à croire, mais à comprendre ; un Ordre de Chevalerie consacré à la Reine, que les Officiers Suisses portaient à Lyon dans les jours d'émeute : voilà désormais la matière de ce grand procès, qui doit servir de leçon à l'univers.

C'est ici qu'on érige en crimes des actes de devoir envers des parens, de reconnaissance envers des amis, de fidélité envers des créanciers, de bonté envers des domestiques, de bienfaisance envers des malheureux.

Citoyens, j'allais suivre l'accusateur dans le petit nombre de faits, sinon graves, au moins sérieux, qu'il a mêlés à tant d'insignifiantes allégations. Un nouvel incident vient m'en dispenser.

Déclarations de M. de Septeuil.

Sur tous les faits, le Rapporteur a invoqué le nom, le porte-feuille, les registres de M. de Septeuil. Voilà que M. de Septeuil prend la parole ; &, aussi clair que l'accusation a été obscure, aussi calme qu'elle a été incendiaire, aussi modéré qu'elle a été insultante, il dit aux accusateurs :

« Vous invoquez par-tout, dans votre rapport, les
« papiers que vous prétendez avoir trouvés chez moi.
« Pourquoi n'entends-je pas citer ceux qui m'appar-
« tiennent réellement; & qu'il serait important de
« produire? Pourquoi en vois-je paraître qui ne
« m'ont jamais appartenu ?

« Vous avez parlé d'une Lettre de M. de Bouillé
« au Roi. Cette Lettre n'a jamais été adressée au
« Roi ; elle a été adressée à un particulier, qui me l'a
« remise : tous les objets dont elle traitait sont anté-
« rieurs à la Constitution acceptée.

« Vous avez dit que l'expédition de Varennes avait
« coûté 6 millions : le fait est indifférent ; mais j'ai
« payé les mandats, les sommes directement remises
« au Roi ; & je n'ai jamais connu qu'une dépense de
« 980,000 liv.

« Vous avez parlé de secours donnés par le Roi à
« quelques personnes notoirement dans la misère ; il
« ne m'appartient pas de juger les bienfaits du Roi :
« mais je suis sûr qu'aucune des personnes qui ont
« reçu des secours, n'étaient dans la classe des Emi-
« grés portant les armes.

« Vous avez cité une Lettre de M. Delaporte,
« annonçant la possibilité d'obtenir, par un sacrifice
« de 1,500,000, un Décret qui déchargeât la Liste
« Civile des pensions militaires. Non-seulement cet
« avis n'a eu aucune suite, non-seulement je n'ai reçu
« aucun ordre du Roi à ce sujet ; mais je déclare que
« jamais je n'ai été chargé de rien payer à aucun
« Député.

« Vous avez dit que le Sieur Gilles avait reçu,

« dans les deux mois de Mai, & de Juin, 72,000 liv.
« & que l'un de ses reçus portait, *pour l'organisation*
« *de soixante hommes*, dont vous avez fait, d'abord
« *soixante hommes armés*, &, par suite, la preuve d'*une*
« *armée toute entière*. Oui, j'ai vu trois ou quatre
« fois le Sieur Gilles ; oui, je lui ai délivré des se-
« cours pour l'établissement du *Postillon de la guerre*,
« & du *Logographe*, pour l'organisation de son entre-
« prise. Mais c'est à moi que les reçus ont été re-
« mis : je me rappelle que le reçu portait, *pour*
« *l'organisation*, & non pas *pour l'organisation* DE
« SOIXANTE HOMMES. Je demande qu'on vérifie
« l'écriture des trois derniers mots ; car s'ils sont sur
« la pièce, ils y ont été ajoutés ; ils n'y étaient pas
« tant qu'elle a été entre mes mains ; & j'affirme
« que dans tous les reçus, lettres, mandats, pièces
« de quelque nature qu'elles fussent, qui ont passé
« sous mes yeux, jamais je n'ai vu aucune trace
« d'organisation armée, autre que celle existante
« par les états publics & ordonnancés par la Liste
« Civile. »

« Vous avez rappellé le *payement des anciens*
« *Gardes-du-Corps*, sans doute pour insinuer que
« la Liste Civile les avait entretenus à Coblentz ;
« car vous ne le dites plus formellement. Je ré-
« pète, moi, ce que j'ai déjà déclaré sous la foi du
« serment, que j'ai reçu du Roi *les ordres les plus*
« *formels* de ne payer qu'individuellement chaque
« Garde-du-Corps, qui joindrait à sa quittance
« son certificat de résidence ; & j'affirme de nou-
« veau qu'aucun non-résident n'a été payé. Vous

les pièces.

“ Enfin, vous avez accuſé le Roi d'un accapa-
“ rement de blé, de ſucre & de caffé, dont j'étais,
“ dites-vous, l'agent; & je vous apporte la preuve
“ que tout ce que vous avez raconté à cet égard,
“ n'eſt qu'un tiſſu de fables. Vous avez confondu
“ les faits, les dates, les perſonnes. D'un place-
“ ment fait par mon frère & moi de notre patri-
“ moine, vous avez fait un emploi de fonds libres
“ du Roi. D'une ſpéculation de commerce ordinaire,
“ par laquelle nous avons voulu, mon frère & moi,
“ nous dérober à la perte des aſſignats, vous avez
“ fait un monopole entrepris pour le compte du
“ Roi. Vous avez fixé au mois de Juin 1791 l'époque
“ du traité que j'ai paſſé avec un négociant de Ham-
“ bourg, afin de le rapprocher de l'autoriſation que
“ le Roi m'avait donnée ſur un tout autre objet, &
“ afin de faire croire que l'un était l'effet de l'autre.
“ Mais l'autoriſation que le Roi m'a donnée pour
“ placer ſes fonds libres, dont je ne voulais plus être
“ chargé, eſt du mois de Janvier 1791 : le placement
“ que j'ai fait avec mon frère de nos fonds communs,
“ eſt du mois de Mars 1792. Vous avez dit que les
“ expéditions & la correſpondance étaient faites ſous
“ des noms ſuppoſés : elles étaient faites tantôt ſous
“ mon nom, tantôt ſous celui de mon frère. Je vous
“ prouve ce que ſont devenus les fonds libres du Roi;
“ quand j'en ai été chargé ; quand j'ai ceſſé de l'être ;
“ à quelles époques, & par quelle quantité le Roi
“ les a ſucceſſivement retirés. La feuille des reçus eſt
“ chez moi ; elle eſt chez le Roi : ſurement vous ne
“ les avez pas vues ; mais il fallait les voir. Au reſte,
“ je me ſoumets à faire faire les enquêtes les plus ſo-

" lemnelles pour démontrer la vérité de tous ces " faits."

Et M. de Septeuil, après avoir parlé ainſi, va jurer devant un Magiſtrat, ſur le livre de la Religion & de la Loi, qu'il a dit la vérité ; & ſa Déclaration eſt portée à la Convention Nationale ; & perſonne n'oſe faire entendre une dénégation.

Citoyens, vous m'accorderez, je penſe, qu'il ne reſte plus rien de l'accuſation à ſa ſeconde époque.

Quoi ! renaîtra-t-elle encore ? Oui, il faut qu'on trouve un délit à Louis XVI. A peine l'accuſateur a-t-il fini, que des voix s'élèvent pour s'oppoſer à l'impreſſion de ſon rapport. On en craint la faibleſſe ; on ne veut pas, Peuple, que vous liſiez un acte dans lequel les accuſateurs, après avoir dit qu'ils avaient *tout vu*, ont montré qu'ils ne pouvaient *rien prouver* à la charge de Louis XVI. *Il n'a pas tout dit*, s'écrient pluſieurs voix, & les réclamations ſe précipitent. *Il faut fouiller au Comité de ſurveillance de Paris, & au Comité de ſureté générale. — Il faut fouiller dans les archives du ci-devant Parlement, & au Greffe de la haute Cour Nationale. — Il faut fouiller au Greffe du Tribunal du 17 Août, & dans le procès de d'Angremont.**— Le rapport eſt imprimé, *pour donner des idées* †, & une troiſième accuſation eſt promiſe.

* Barbaroux, Sergent, Péthion.

† Danton.

VIII, Armoire

CITOYENS ! un grand événement ſe paſſe dans l'intervalle. On raconte que Louis XVI, pour aſſurer le dépôt de ſes papiers, a fait pratiquer, dans un mur de ſon palais, une ouverture myſtérieuſe, dont la porte échappe à tous les regards. Un ſeul homme, dit-on, a été ſon confident, & cet homme eſt l'ouvrier qu'il a employé. Ce confident unique le trahit; l'armoire ſecrète eſt dénoncée. Ah! puiſqu'on eſt ſûr que l'ame de Louis eſt celle d'un coupable, qu'elle recèle la perfidie & le meurtre; puiſqu'on a dit qu'à chaque inſtant on découvrait une trahiſon de la Cour, & qu'auſſi-tot le fil était rompu par le ſoin qu'elle avait pris d'anéantir toutes les preuves *; la juſtice doit triompher de cette nouvelle découverte. Sans doute qua'on vouvrir, avec la plus éclatante ſolemnité, ces archives du crime & de la tyrannie. Ce qu'on diſait avec emphaſe ſur ce miſérable ramas, recueilli partout à l'époque du 10 Août, † ſans doute on va le dire, avec religion, ſur le dépôt précieux qui vient d'être révélé: nul individu, quel qu'il ſoit, n'aura la témérité d'approcher, ſeul, des lieux qui le renferment; on ira chercher dans ſa priſon le Prince coupable, qu'on a enfin trouvé le moyen de convaincre, & devant lui, à la face du tribunal qui va le juger, à la face du Peuple qui doit être vengé de lui, l'on ouvrira l'armoire fatale, on en tirera toutes les pièces une à une; on forcera celui contre qui elles dépoſent, de les reconnaître. La juſtice ſera terrible; mais l'incrédulité elle-même ſera convaincue.

Non, Citoyens: Ce prétendu dépôt eſt ouvert ſans témoins; les papiers ſont pris, emportés; une découverte eſt annoncée à la Convention Nationale; le Comité ſe trouve ſaiſi de pièces; perſonne ne ſait ni ce qu'elles ſont ni d'où elles viennent; perſonne ne le ſaura jamais.

* Rapport de Valazé.

† 'Mais pour aſſurer *le cours régulier* de cette affaire importante, il ne doit reſter ſur ces pièces, ni incertitude, ni doute. Il faut qu'il n'y ait pas un ſeul Français qui ne les connaiſſe. Il faut que l'opinion publique, au moment de prononcer, ſoit complette, générale, unanime.' *Roland, Proclamation du 1er Sept.* 1792.

Et ces pièces deviendraient les pièce slégales d'un procès criminel, deviendraient des titres de condamnation ! Ah ! dans une procédure ordinaire, où il n'y aurait ni droit usurpé, ni moyen de procéder interdit, où je ne craindrais pas de commettre un trop auguste Client avec ceux que je traînerais dans l'arène à sa rencontre, je sais bien quel parti j'aurais ici à prendre ; & l'accusé deviendrait accusateur. Je demanderais compte, bien moins encore de ce qu'on a pu supposer, (car en vérité l'on n'a rien produit de reoutable) que de ce qu'on a supprimé ; car si cette armoire n'est pas une fable, si là existait réellement le dépôt des pensées & des secrets de Louis XVI, des informations qu'il a reçues, des offres qui lui ont été portées, des réponses qu'il y a faites, le Pueple aurait vu l'excès de perfidie de ses prétendus bienfaiteurs, & l'immensité des sacrifices de son généreux Roi. Au moins faut-il que l'opinion fasse justice d'une si coupable manœuvre ; & quant à moi, je déclare que si je daigne m'occuper des pièces prétendues tirées de cette armoire, je n'en parlerai jamais sans les flétrir du nom de *pièces fausses & fabriquées* : on m'en a donné le droit incontestable ; & l'on falsifie une pièce en la séparant de tout ce qui l'accompagne, & de tout ce qui l'explique, autant qu'en y faisant des altérations matérielles.

IX. Troisième époque de l'accusation.

Citoyens ! nous arrivons à la troisième époque de l'accusation. D'après toutes les métamorphoses qu'elle a subies, d'après tous les *faits* que j'ai prouvés, d'après celui sur lequel je viens de m'arrêter, je ne devrais pas lire cet *acte énonciatif*, dernier résultat d'un Rapport *, que j'ai convaincu de tant de faux matériels & volontaires, en vous présentant la vie

* Rapport de Lindet.

de Louis XVI. Mais il faut vaincre jusqu'à la répugnance la plus juste, il faut sacrifier jusqu'au droit le mieux acquis. Louis XVI. a été amené à la barre de ces Assemblées Nationales, qu'il appellait & qu'il ouvrait du haut de son trône il y a trois ans. Louis XVI. a été le *Bélisaire* des Rois ; il a offert *ce grand spectacle digne des regards du Ciel & de la terre ; un homme juste aux prises avec l'adversité,* avec tous les genres d'adversité que l'esprit humain peut concevoir. Il a répondu à toutes les questions qui lui ont été faites ; & il y a répondu non-seulement sans orgueil, mais même sans amertume ; il a paru songer uniquement qu'il était innocent, & jamais qu'il était calomnié. Il ne m'appartient pas de dédaigner l'acte dont il s'est occupé : je dois surmonter le ressentiment dont sa vertu l'a préservé ; & au lieu de l'indignation & du mépris, c'est avec saisissement & respect que je rpends cette série de questions, à laquelle ses réponses ont attaché l'intérêt du monde & de la postérité.

Il faut cependant se définir ce qu'on doit réfuter, tâcher de trouver un sens à ce qui est si profondément obscur, & d'introduire quelque ordre au milieu de tant de confusion.

Trente-cinq chefs d'accusation font la matière de cet interrogatoire ; la plupart sont tellement insignifians, qu'on est embarrassé de s'en occuper, parce qu'on ne sait comment se défendre de ce qui n'accuse point. Il est cependant évident qu'on a voulu en induire deux résultats généraux—*Projet d'empêcher la Constitution* —*Projet de renverser la Constitution.* Je vais classer sous ces deux titres, tous les chefs partiels, accumulés au nombre de trente-cinq.

§ PROJET *d'empêcher la* CONSTITUTION.

HUIT chefs appartiennent à cette première Section. Je n'y trouve de nouveau qu'un genre d'argumentation bien étonnant.

Sous le troisième chef, pour prouver au Roi *qu'après le 17 Juillet 1789, il persistait dans ses projets d'asservir la Liberté Nationale*, on lui cite *ses observations sur les décrets du* 11 *Août—les événemens du* 5 *& du* 6 *Octobre* —& *les paroles qu'il adressa, le* 5, *à une députation de l'Assemblée Constituante:* " *Je veux m'éclairer de vos* " *conseils, & ne jamais me séparer de vous.*" C'est avec les mêmes preuves que j'ai démontré que Louis XVI s'est immolé pour la Liberté Nationale.

Sous le huitième chef, on lui cite la *Convention de Pilnitz*, du 14 Juillet 1791, pour prouver l'infraction du serment qu'il a prêté deux mois après, le 14 Septembre 1791.

Sous le quatrième, le cinquième, & le septième chefs, je trouve indiquées quelques-unes de ces *fausses pièces*, qu'on prétend avoir trouvées dans l'armoire secrette, qu'on étaie du nom d'un mort, & qui ne valaient pas la peine d'être supposées, tant elles sont insignifiantes !

Du reste, c'est encore la Séance du 23 Juin, encore le 14 Juillet, encore le voyage de Varennes : c'est ce qu'on avait toujours dit, sans jamais le prouver ; ce que j'ai pulvérisé par le simple récit des faits ; enfin, ce dont il ne m'est plus permis de m'occuper.

Citoyens,

CITOIENS, souffrez que je vous donne un avis important. Quand on veut faire respecter le nom de Nation, il ne faut pas se jouer des actes les plus solemnels qui soient jamais émanés de l'autorité d'une Nation. Je ne puis reconnaître pour chefs d'accusation, ni contre Louis XVI, ni contre qui que ce soit, aucun fait relatif à la révolution, antérieur au 14 Septembre 1791. Une amnistie générale a été publiée à cette époque; et quand je dis *amnistie*, j'entends ce mot dans sa stricte étymologie, c'est-à-dire, *oubli* et non *pardon*, car certes ce n'était pas à Louis XVI. qu'on avait à pardonner. Je dis donc qu'une amnistie générale, publiée le 15 Septembre 1791, *a effacé jusqu'à la trace de tous les faits relatifs à la révolution*; (je répète les paroles de l'Assemblée constituante et les termes de la loi). Le Roi, accablé de tant d'injustices et d'ingratitudes, *a donné le premier l'exemple d'un oubli généreux*, (je répète encore l'assemblée constituante). C'était bien le moins que ses ennemis comblés par lui de tant d'avances et de tant de bienfaits, daignâssent aussi ne plus se souvenir de quelques démarches irrégulières ou imprudentes, qui, supposées vraies, auraient été arrachées par l'excès de l'injustice à l'excès du désespoir. L'oubli a été réciproque et entier. Toute la France l'a sollicité, proclamé, juré. J'insulterais la Nation Française, si je disais un mot de plus; le premier chef est terminé.

§§. PROJET *de renverſer la* CONSTITUTION.

CITOIENS, c'eſt donc un délit que d'avoir voulu renverſer la conſtitution ? C'eſt donc un délit que d'avoir parjuré le ſerment de maintenir la conſtitution ?

EH bien, Louis XVI. ne l'a pas renverſée ; Louis XVI. proteſte que jamais *il n'a voulu* la renverſer. Il a pour accuſateurs et pour juges des hommes qui confeſſent que dès le 1 Octobre 1791 ils ont voulu la renverſer, et qui ſe glorifient de l'avoir renverſée le 10 Août 1792, vingt-cinq jours après qu'ils avaient renouvellé volontairement le ſerment de la maintenir. N'eſt-ce pas abuſer de la parole, que d'en dire d'avantage ?

CITOIENS, je marche de ſurpriſe en ſurpriſe. Je viens d'examiner les vingt-ſept chefs d'accuſation rangés dans cette ſeconde ſection, et ils m'offrent un bien inconcevable réſultat.

LORSQUE l'on a agité, dans la Convention, ſi Louis XVI. pouvait être mis en jugement, ceux qui ont entrainé la Convention à décréter l'affirmative, l'ont décidée par ce ſeul motif, qu'*il s'agiſſait de délits perſonnels au Roi, étrangers à ſes miniſtres, diſtincts des fonctions du pouvoir exécutif, et qu'enfin il avait commis ſans agents**. Or je vois que les huit chefs les plus graves, parmi ceux qu'il me reſte à parcourir, ſont ceux préciſément qu'il

* Voiez le Rapport de Mailhe et toutes les opinions.

qu'il n'a pu *commettre ſans agents*, ceux qui tenaient eſſentiellement *aux fonctions du Pouvoir Exécutif*, ceux enfin qui étaient *perſonnels à ſes miniſtres*.

Ainsi, au lieu d'un Roi inviolable, et de miniſtres reſponſables, cet acte offre préciſément des miniſtres inviolables et un Roi reſponſable.

FAITS MINISTERIELS.

Demandez donc aux miniſtres, pourquoi ils ont propoſé au Roi trois commiſſaires civils qui devaient favoriſer la révolte d'Arles; et demandez leur ſurtout quelle était la puiſſance contre laquelle Arles *ſe révoltait?* car ce n'était ni contre le Roi, ni contre le Corps Légiſlatif, ni contre la Conſtitution.

Demandez aux miniſtres, pourquoi ils ont différé à réunir Avignon, après avoir tant ſollicité la réunion ? Pourquoi ils y ont porté la guerre civile, et pourquoi ils ont propoſé au Roi des commiſſaires qui devaient incendier, au lieu de calmer ?

Demandez aux miniſtres ce qu'ils ont fait pour ſoulever, ou pour ſoumettre Nîmes, Montauban, Mende, Jalès ?

Demandez aux miniſtres, pourquoi ils ont envoié 22 bataillons contre les Marſeillois, qui voulaient ſimplement entrer dans Arles, comme ils

ils font entrés dans Avignon et dans Paris ? Demandez à l'Assemblée Constituante, pourquoi elle a autorisé cet envoi de troupes par un décret ?

Demandez aux ministres, pourquoi ils ont donné un commandement à Mr. de Wigtenstein qui n'était pas l'ennemi du Roi ; et demandez à ce Général ce qu'il entendait par sa lettre du 21 Avril, si c'était les émigrés ou les républicains qu'il voulait *ramener auprès du trône ?*

Demandez aux ministres comment ils ont fait pour ne pas conserver un officier de marine, quand il y avait des insurrections dans tous les ports et sur tous les vaisseaux *; quand les clubs envoiaient des ordres aux équipages †; quand les matelots faisaient la motion de jeter les officiers à la mer ‡: quand à Rochefort le Major général était averti par la municipalité de s'enfuir la nuit, parceque deux mille ouvriers devaient l'assassiner le lendemain § ; quand à Toulon, M. d'Albert, M. de Bonneval, M. de St. Julien, M. de Villars,

* L'Alceste, la Capricieuse, la Levrette, le Dromadaire la Lionne, la Fidèle, l'Entreprenant, le Tourville, la Ferme, le Patriote, le Majestueux, la Bellone, le Jupiter, la Perdrix, le Téméraire, la Surveillante, &c. Voiez le Compte rendu de M. de Bertrand, Mars 1792.

† La Galathée, l'Embuscade, Août 1791.

‡ L'Apollon, Septembre 1790.

§ M. Mac-Carty, 1790.

lars, M. de Caſtelet, etaient, les uns criblés de bleſſures et jetés dans un cachot *, les autres, volés et trainés dans la pouſſière ; quand à Breſt, les matelots chaſſaient les officiers †, caſſaient les bras aux maîtres d'équipages ‡, plantaient des potences devant la porte des Majors généraux §, enfin lorſque Mr. de la Jaille était aſſaſſiné impunément ?

Demandez aux miniſtres, pourquoi l'armée de ligne n'était que de cent mille hommes en Décembre 1791 ; pourquoi l'Aſſemblée Légiſlative laiſſait languir, des mois entiers, leurs demandes les plus urgentes, et rejettait impitoiablement leurs ſupplications les plus vives ?

Demandez aux miniſtres, pourquoi ils ont rédigé, contreſigné et publié une proclamation qui arrêtait l'élan du patriotiſme ; pourquoi ils ont laiſſé nos armées ſans ſoldats, et pourquoi, pendant trois mois, ils n'ont pu obtenir de l'Aſſemblée Légiſlative le recrutement qu'ils lui demandaient tous les jours ?

Demandez à ce Miniſtre général, qui a peint avec des couleurs ſi vives la détreſſe de votre armée au moi de May, pourquoi il avait déclaré la guerre au mois d'Avril précédent ?

Demandez

* Decembre 1789.

† L'Auguſte et l'América, Octobre 1790.

‡ Janvier 1791.

§ Septembre 1790.

Demandez à ce Miniſtre général et négociateur, qui, pour vous déterminer à la guerre, vous répondait de la neutralité du roi de Pruſſe, pourquoi la Pruſſe, dans ce même inſtant, agiſſait hoſtilement contre vous ?

Demandez aux miniſtres, pourquoi ils ont retenu à Paris les Suiſſes, dont une moitié était partie pour la Normandie ? Pourquoi ils ont pu être arrêtés un inſtant par une capitulation réclamée ? Pourquoi ils ne ſe ſont pas empreſſés de violer tous les traités, pour oter au Roi, un jour plutôt, ſes derniers défenſeurs ?

Le Roi eſt étranger à tous ces faits. Le défenſeur du Roi ne doit ſeulement pas en prendre connaiſſance. Il n'abandonnera pas tous les principes à la fois, et c'eſt bien aſſez de ſe prêter à l'hypothéſe des délits perſonnels, qu'il va parcourir rapidement.

FAITS PERSONNELS AU ROI.

I. Gardes *du corps payés à Coblentz ; les regiſtres de Septeuil en ſont foi.* - - - - - Les regiſtres de Septeuil prouvent qu'il n'y en a pas eu un ſeul de payé à Coblentz.

Sommes conſidérables envoiées à MM. Rochefort, Polignac, la Vauguyon, &c. Il vous l'a dit, *il aimait à donner à ceux qui ont beſoin* ; et qu'ils ſont devenus nombreux, ceux qui ont beſoin ! Mais quelle

quelle étrange idée vous êtes vous donc formée d'un Roi? Il avait un revenu précaire, fubfti-tué à un immenfe patrimoine, et il ne pouvait en difpofer; des gardes, et il ne pouvait fe les attacher; des parents, et il ne pouvait fecourir ni l'enfance des uns, ni la vieilleffe des autres; une religion, et il ne pouvait la fuivre; un cœur bienfaifant, et fes bienfaits étaient des crimes! Ah! quand vous lui compofiez une telle couronne, vous vouliez, fans doute, le conduire à en défirer lui-même la chute.

II. *Ses frères ont été ennemis de l'état* - - - - Eh bien, lui, s'en eft fait la victime. *Ils ont rallié les emigrés fous leurs drapeaux* - - - - Il n'a ceffé de les rappeller fous ceux de la France. *Ils ont levé des régiments, faits des emprunts, contracté des alliances en fon nom* - - - - Il a tout défavoué folemnellement. *Il n'a fait ces défaveux, que quand il a été bien certain qu'il ne pouvait plus nuire à leurs projets* - - - - Ces défaveux datent du mois de Juillet 1791, et je demande où en étaient les *projets* des Princes et des Emigrés, même au mois d'Avril 1792, lorfque la France a déclaré la guerre. Enfin *l'intelligence de Louis XVI. avec fes frères eft prouvée par un billet figné Staniflas Xavier.* Avez-vous une réponfe du Roi à ce billet? Avez-vous rien qui prouve que le Roi ait approuvé les deffeins exprimés par ce billet? Croiez-vous

 que

que tous les partis, ſans exception, n'aient pas adreſſé de pareilles invitations au Roi, pour le faire entrer dans leurs vues ? Enfin ce billet eſt viſiblement antérieur au 14 Septembre.

III. *Servan propoſe de former auprès de Paris un camp de* 20,000 *hommes ; l'Aſſemblée Légiſlative le décrete, Louis XVI. refuſe ſa ſanction* - - - - Servan propoſant un camp de 20,000 hommes auprès de Paris, pour recruter l'armée aux frontières, était abſurde. Servan, miniſtre du Roi, faiſant cette propoſition à l'Aſſemblée, ſans en avoir prévenu le Roi, était perfide. Cambon avouant que ces 20,000 hommes étaient mandés pour opérer une nouvelle révolution, était franc. Cambon et ſes collégues cherchant à remplacer ces 20,000 hommes, et appellant à Paris les volontaires nationaux pour la révolution du 10 Août, étaient conſéquents. Louis XVI. refuſant ſa ſanction faiſait un acte légitime et conſtitutionnel. Louis XVI. refuſant le camp propoſé, préſervait Paris. Louis XVI. propoſant et formant un camp à Soiſſons, recrutait l'armée.

IV. *Louis XVI. a donné miſſion aux commandants des troupes de déſorganiſer l'armée et de pouſſer des régiments entiers à la déſertion, &c.* - - - - Louis XVI. le nie. Qu'oppoſez-vous à cette dénégation ? *Une lettre.* De lui ? Non. A lui ? Non. Authentique ? Non : C'eſt une *des pieces fauſſes* qu'on qu'on ſuppoſe avoir trouvées dans l'armoire. Même vraie, elle ne prouverait rien, ſi ce n'eſt que M. de Toulongeon aurait emploié le nom du Roi pour s'accréditer auprès des Princes. Eſt-ce ici qu'on ignore que tous les partis ont pris le nom du Roi depuis quatre ans? Les premiers incendiaires, les premiers meurtriers qui ont porté la flamme et le meurtre dans les provinces, faiſaient bien plus que de *citer* le nom du Roi : ils produiſaient des *ordres du Roi, des lettres patentes du Roi*, pour *courir ſus à la nobleſſe, et razer tous les chateaux.*

V. *Louis XVI. a chargé ſes agents diplomatiques de favoriſer la coalition des puiſſances etrangères et de ſes frères, contre la France* - - - - Même dénégation de la part de Louis XVI ; même argument de la votre. *Une lettre*, qui n'eſt ni de lui, ni à lui, ni authentique ; *une des pieces fauſſes*, qui, même vraie, ne ſigniferait rien ; qui n'aurait trait qu'à la Turquie, et qu'on étend ſur toutes les puiſſances! qui prouverait que M. de Choiſeul faiſait des propoſitions ; qu'il n'oſait pas les faire au Roi, qu'il les faiſait aux Princes, de qui il ne recevait même pas de réponſe. Et le Roi a rappellé M. de Choiſeul! Et vous avez ſous les yeux toutes les inſtructions et toutes les dépêches de tous les agents diplomatiques! ! !

VI. *Louis XVI. a confié le département de la guerre à Dabancour, neveu de Calonne; et tel a été le succès de cette conspiration, que les places de Longwy et de Verdun ont été livrées dès que les ennemis ont paru.* Qu'importe la parenté de M. de Calonne? Mais quelle a été la conspiration? où sont les preuves? les faits? les noms? Il est clair que c'est Louis qui a nommé Beaurepaire: avez vous la preuve qu'il se soit entendu avec ceux qui l'ont réduit à s'immoler lui-même à l'honneur? Lille et Thionville n'étaient-elles pas aussi importantes que Longwy et Verdun?

VII. *Le Corps Législatif exposa le 8 Mars la conduite coupable de Bertrand. Louis XVI. répondit qu'il était satisfait de ses services.* La majorité de l'Assemblée Législative avait décidé *qu'il n'y avait pas lieu à accusation* sur ces mêmes faits, remis au Roi le 8 Mars par l'intrigue de la minorité. L'opinion du Roi était conforme à ce décret. Le Roi aurait seul cru M. de Bertrand innocent, l'Assemblée sans division l'aurait cru coupable; c'est une question à juger: il ne peut y avoir là d'accusé que M. de Bertrand, et il a paru qu'il ne craignait pas le jugement.

VIII. *Les agents du Roi ont fomenté le trouble dans les colonies* - - - - Demandez aux Colons qui ils accusent de leurs malheurs? Demandez aux nègres qui les a soulevés?

VII. *L'in-*

IX. *L'intérieur de l'état était agité par les fanatiques.* Qui sont ces fanatiques? 200 prêtres ont été égorgés aux Carmes; 100 à St. Firmin; 17 à l'Abbaye; 60,000 ont été déportés. Il n'y en a pas encore un seul dans ce moment, qui ait été convaincu d'un délit. Il n'y a pas encore eu dans ce moment d'autre fanatisme, que celui des puritains et des athées.

Le Roi s'est déclaré leur protecteur. Comment? en les laissant expulser de leurs sièges, chasser de leurs églises, dépouiller de leurs pensions alimentaires? Il les a plaints sans doute; mais protégés! quand l'a-t-il pu? qui a pu être protégé par lui depuis trois ans? par qui, grand Dieu! n'a-t-il pas eu besoin d'être protégé lui-même?

Il a manifesté l'intention évidente de recouvrer par eux son ancienne puissance. Ah! voici cette fameuse lettre à l'évêque de Clermont, et la réponse du prélat. Je ne veux pas savoir d'où viennent ces piéces; mais je les ai entendu invoquer par tous les persécuteurs de Louis XVI, comme la preuve la plus convaincante de ce qu'on appelle sa trahison. Eh bien! je les admets comme vraies; j'oublie qu'elles sont antérieures à l'acceptation de l'acte constitutionel: voions ce qui en résulte. D'abord il faut rétablir la vérité du texte, car votre citation est fausse; la lettre à l'évêque ne dit pas: *je veux recouvrer par vous*

mon

mon ancienne puiſſance. Elle dit: "je réta-" "blirai dans toute ſa pureté la religion dont vous" "êtes le miniſtre, *ſi je recouvre ma puiſ-*" "*ſance.*" Ainſi le Roi, ſi c'eſt lui qui a écrit cette lettre, promet appui, au lieu de le demander; s'abandonne aux évènemens, au lieu de les forcer: la différence eſt énorme. On inſiſte ſur ces mots: *ſi je recouvre.* Eh bien; *ſi je recouvre,* veut-il dire *ſi je conquiers?* Les *moiens de réforme réſervés à la nation par la conſtitution,* ne pouvaient-ils pas faire recouvrer au Roi ſa puiſſance? La nation, ſi elle était libre pour renverſer le trône, ceſſait-elle de l'être pour le fortifier? Les Danois, fatigués des tourmens de l'anarchie, ont été dire à leur Monarque: *ſoyez Deſpote;* n'était-il pas poſſible que les Français vînſſent dire à Louis XVI: *ſoyez Roi?*

Maintenant, ſi j'examine les piéces en elles-mêmes, la conſultation qu'elles renferment; ah! quelle preuve d'une ame innocente et pure! Quoi! il aurait été parjure, quoi! il aurait formé des complots de tyrannie et de ſang, celui-là qui tremblait d'approcher des autels ſans en être digne; celui-là qui était ſi ſcrupuleuſement fidèle à ſa religion; celui-là que ſa religion conduiſait à tracer, au milieu des horreurs du 20 Juin, ces mots ſi attendriſſants: "*Venez me voir; j'ai fini*" "*avec les hommes; je n'ai plus beſoin que du*

Ciel,

*Ciel**. Ah! la lettre à l'évêque de Clermont, car j'aime à la croire vraie, sera unie à ces dernières paroles dans les hommages de la postérité. Ceux qui ont produit cette lettre, éprouvaient sans doute un remord, et ils ont voulu fournir à Louis XVI. une défense contre toutes les imputations imaginées contre lui.

Citoiens, je vais précipiter une discussion devenue superflue.

Je n'ai plus rien à dire sur la fable absurde de *l'acaparement* (X) ; rien sur *la suspension des deux* fameux *décrets* (XI); rien sur *la nouvelle garde licentiée* (XII). Quand le sang du plus loyal des hommes fume encore, quand M. de Brissac a été emprisonné et mis en pièces par convenance, sur le seul mot *d'incivisme*, sans l'ombre même d'un seule calomnie positive, le respect public devait peut-être interdire de proférer cette dernière accusation.

Je ne dégraderai pas la cause du Roi, jusqu'à le défendre sur le *procès de d'Angremont*, dont on n'a pas osé révéler une seule pièce ; *sur l'organisation de Gilles*, dans le reçu duquel on a ajouté les *soixante hommes* ; sur les *compagnies particulières* (XIII) qu'on

* Billet du Roi à son Confesseur, M. Hébert, qui, pour l'avoir répeté en pleurant, a été conduit aux Carmes, et fusillé le 2 Septembre à genoux au pied de l'autel, dans la chapelle du jardin.

qu'on ne prouve pas, qu'on prouverait inutilement, parceque quiconque gouverne eſt obligé d'avoir des miniſtres, ſous eux des commis, ſous eux des eſpions; parceque quiconque eſt calomnié journellement dans des groupes, a le droit d'oppoſer orateur à orateur, et que le délit reſte du coté de celui qui provoque, et qui calomnie.

XIV. *Le nom Français n'a pas été reſpecté dans les pays étrangers.* Méritez qu'il le ſoit. Que pouvait y faire Louis XVI? L'opinion générale commande aux Rois, et elle commande auſſi aux Républiques.

XV. *Pluſieurs membres des Aſſemblées conſtituante et légiſlative ont été achetés par des ſommes énormes.* Citez les membres achetés: car il ſerait trop injuſte qu'on s'arrangeât pour que *le délit reſtât tout entier à la charge du Roi,* ainſi qu'on a eu l'indiſcrétion de l'exprimer *. Louis XVI. a nié les deux projets qui lui ont été allégués, il eſt prouvé qu'aucun n'a été ni exécuté, ni adopté, ni peut-être connu de lui. Encore une fois je demande qu'on nomme les membres payés; car ſi perſonne n'a été acheté, perſonne n'a acheté; et d'ailleurs, pour me prouver un délit, il faut qu'on me cite un homme vertueux qui ait été

corrompu.

* Rapport de Valazé.

corrompu. Citoiens, j'appelle votre attention ſur ce que je vais vous lire.

PHILOPEMEN était le plus vertueux des Grecs. Il rendit la liberté à Sparte, et Sparte reconnaiſſante, aprés avoir vendu tous les biens du tyran dont elle avait été délivrée, envoia offrir le produit de la vente à ſon libérateur. On eut de la peine à trouver un député pour porter cette offre à Philopémen, tant on était ſûr que ſa vertu déſintéreſſée la repouſſerait. Un Spartiate s'en chargea enfin, fit deux fois le voiage ſans oſer ouvrir la bouche ſur le ſujet de ſa miſſion, et la troiſième fois rompit le ſilence. *Allons à Sparte*, dit Philopémen. Ils arrivent. Les Spartiates s'aſſemblent. Philopémen les remercie de leur bienveillance, refuſe d'accepter leurs offres, et leur adreſſe ces mots: « Ne dépenſez pas votre argent à vous gagner des « amis, hommes de bien; car pour ceux là, vous « pourrez toujours uſer gratuitement de leur ſa« geſſe et de leur vertu: mais gardez le pour « gagner les méchans, pour acheter ceux qui « portent le trouble dans les conſeils, et qui di« viſent la ville par leurs diſcours ſéditieux. « Voilà les hommes qu'il faut payer aux poids de « l'or: autrement ils ne ceſſeront de vous tour« menter, et il vous ſera impoſſible de gouver« ner."

ENFIN,

* Plutarque Vie de Philopémen.

Enfin, vous avez dit à Louis XVI. que, dans la matinée du 10 Août, *les Suisses avaient tiré les premiers*(XVI). Le fait serait vrai, que je vous défierais de le lui imputer; mais le contraire est démontré. Vous lui avez demandé *pourquoi le 10 au matin il avait fait la revue de ces Suisses* (XVI)? *Pourquoi il avait rassemblé des troupes dans le chateau* (XVII)? *Pourquoi dans la nuit du 9 il avait mandé le Maire* (XVIII)? Demandez donc à Cambon de vous répéter pourquoi l'Assemblée Législative avait renvoyé la garde du Roi, et les troupes de ligne? pourquoi elle avait désorganisé la force armée, et l'état major? pourquoi, au défaut des 20,000 hommes, elle avait fait venir les volontaires nationaux? pourquoi ceux de son département avaient fait 200 lieues en onze jours, afin d'être arrivés pour le 10 Août? Demandez à Péthion ce que les fédérés avaient juré d'exécuter avant de quitter Paris? Demandez à Rœderer pourquoi, au nom de la loi, il a donné publiquement, et à ces *Suisses*, et à ces *troupes rassemblées dans le chateau*, L'ORDRE DE REPOUSSER LA FORCE PAR LA FORCE? et quant à cet homme qui s'est repenti d'avoir fait son devoir, qui a osé renier des paroles entendues par des milliers de témoins, qui le 9 Août se vantait de défendre le Roi, qui le 11 s'est vanté de l'avoir trahi, que son supplice soit d'exciter à jamais

la

la méfiance de ſes complices, en reſtant convaincu d'avoir fait une fois l'action d'un homme de bien.

CITOIENS, prêtez l'oreille au dernier chef d'accuſation (XIX).

Vous avez fait couler le ſang des Français ?—

« NON, MONSIEUR, CE N'EST PAS
« MOI - - -

LA défenſe du Roi eſt complette, et c'eſt lui qui vient d'y mettre le dernier ſceau.

CITOIENS, c'eſt un grand mot, croiez-moi, que celui par lequel il a terminé ſon interrogatoire. Non ſeulement ces paroles ne ſe perdront point, mais juſqu'à l'accent avec lequel il les a proférées, va retentir dans toute la terre, et ſe prolonger juſqu'à la dernière des générations. Vous avez encore le choix; mais en ſongeant à ce cri de la nature et de la conſcience; en rapprochant cette dénégation de celle qu'il fit à l'hotel-de-ville le 17 Juillet 1789; en comparant cette douceur inaltérable quand on l'accable de cruautés, et cette indignation ſubite quand on l'en accuſe, on dira éternellement: *Voilà ce qui les a vaincus*; ou l'on dira; *Voilà ce qu'ils ont bravé.*

IL ne me reſte plus rien à vous dire.

JE vous ai prouvé par la vie entière de Louis XVI, que ſon cœur ne ſe livrait pas à une illuſion, quand il ſe plaiſait à penſer que *jamais Roi n'avait plus fait pour ſon peuple* *.

Je vous ai prouvé que dans l'inſtant où il vous a fait libres, vous l'avez reconnu inviolable ; que la loi conſtitutionnelle, la loi civile, la loi naturelle, ne permettaient pas qu'il fût l'objet d'une pourſuite criminelle ; que la nation entière pouvait renverſer le trône, mais non juger le Roi ; qu'enfin, s'il était poſſible qu'il eût des juges, il ne vous ſerait pas permis de l'être.

Je vous ai prouvé que quand même il pourait être jugé, et l'être par vous, vous ſeriez obligés de proclamer ſon innocence.

N'attendez pas qu'après vous avoir offert ces grandes vérités, j'en compromette l'auſtère dignité par des efforts dont elles n'ont plus beſoin. N'attendez pas qu'après avoir parlé à votre conſcience, je cherche à ſolliciter vos paſſions. Que Louis XVI. me pardonne d'avoir commencé ſa défenſe par le tableau d'une infortune, ſur laquelle j'aurais voulu pouvoir étendre le voile du reſpect. Qu'il me pardonne d'avoir prononcé ce mot de *compaſſion*, qui cependant, quand il s'adreſſe à la vertu malheureuſe, a quelquechoſe de religieux et de ſaint, dont l'humiliation ne peut

* Paroles de Louis XVI. aux états généraux.

peut pas approcher. J'ai cru, je l'avoue, avoir tant de préventions à vaincre! j'ai voulu fléchir l'injuſtice par l'humanité; j'ai voulu être entendu. A préſent que j'ai parlé; à préſent que la vertu de Louis XVI, brillante de tout ſon éclat, plane au deſſus de toutes les calomnies qui cherchaient à l'obſcurcir, il eſt rendu pour moi à toute ſa majeſté, que le malheur me parait encore aggrandir; et ce n'eſt plus la pitié que je réclame pour lui, c'eſt la juſtice, le reſpect et la reconnaiſſance.

Citoiens, je me ſuis prêté à tant de ſuppoſitions, pour plaider cette cauſe auſſi étonnante qu'elle eſt ſacrée: daignez m'en accorder une à votre tour. Je m'établis au milieu de vous; étranger et à l'Aſſemblée Conſtituante et à l'Aſſemblée Légiſlative; mais membre de la Convention; partiſan de la République; dans la bonne foi la plus entière; me croiant bien véritablement l'organe de la volonté nationale: voici ce que je dirais dans cet inſtant à Louis XVI.

« Il eſt tems d'être vrais. Tous ces grands « débats ſe réduiſent à une ſeule phraſe: *La Mo-* « *narchie et la République ont combattu; la République* « *a été victorieuſe.* Nous n'avons à répondre ni « de la déclaration, ni des moiens, ni des mal- « heurs de cette guerre, car elle était terminée

« quand

" quand nous sommes arrivés : mais nous serions " comptables de l'abus de la victoire, car nous " avons été envoiés pour en régler les suites. Ce " serait souiller l'établissement de nos nouvelles " institutions, que de vouloir être injustes ; ce se- " rait ignorer notre puissance, que de croire que " nous avons besoin de l'être ; ce serait compro- " mettre nos droits, que de calomnier vos vertus. " Nous sommes Républicains, parceque nous " avons voulu l'être. Nous plaignons les infor- " tunes, nous admirons le courage, nous chéri- " rons toujours les bienfaits du dernier Roi que " nous avons eu. Non, vous n'avez point été " parjure ; non, vous n'avez point été sangui- " naire ; non, vous n'avez point été Tiran : vous " auriez été moins dangereux pour la liberté, " et elle aurait triomphé plutôt. Mais puisque " nous n'avons pas voulu obéir à un Roi reli- " gieux, clément, ami du peuple ; puisque nous " n'avons pas voulu soumettre notre liberté " à celui-là même à qui nous la devions ; qui " serait assez hardi pour prétendre à s'asseoir au " milieu de nous sur un trône ? Vos injustes fers " vont être brisés. Voiez vous même à fixer et " votre destinée et votre séjour. Soit que vous " vouliez rester dans votre patrie, soit que vous " préfériez de vous retirer dans une de ces cours " où regne votre antique maison, nous sentons

" que

« que recueillant l'héritage immenſe de la roiau-
« té, nous vous devons un vaſte patrimoine.
« Nous vous devons tout, excepté une couronne,
« parceque même la reconnaiſſance d'une géné-
« ration ne peut pas compromettre le bonheur de
« celles qui la ſuivront, et que nous croions au
« bonheur de cette égalité que nous venons de
« fonder pour nos neveux. Puiſſent la douceur
« de vos vertus et la force de votre ame, puiſſent
« les conſolations domeſtiques et l'intéret géné-
« ral, puiſſent même les orages de cette roiauté
« que vous avez exercée depuis trois ans, et juſ-
« qu'à ces tourmens dont vous ſortez, et que nous
« déſavouons, vous aider à ſupporter cette perte
« de domination, qui eſt toujours un ſi grand mal-
« heur pour les hommes! Dites-vous que vous
« êtes tombé du trône le jour où l'effigie de Hen-
« ri IV. a été briſée, et où celle de Louis XII. a
« été précipitée dans un fleuve. Dites-vous que
« vous êtes la plus grande et la plus ſainte victime
« qui jamais ait été immolée à la liberté. D'au-
« tres lui ont ſacrifié avec tranſport des tyrans;
« et nous, nous lui ſacrifions avec douleur le plus
« honnête des hommes et le plus populaire des
« Rois. Nos regrets vous ſuivront avec nos
« vœux, et ce ferait un jour fortuné pour la Ré-
« publique Françaiſe, que celui où elle apprendrait

« que

« que Louis XVI. et ſa famille ont ceſſé d'être
« malheureux."

Citoiens, je ne puis pas avoir de remords, car il s'agit de ſauver Louis XVI - - - mais il me ſemble que je ſuis le premier qui vous ait indiqué le moien, s'il en eſt un, d'établir et d'honorer la République.

Je conclus en demandant la liberté de Louis XVI, et ſon patrimoine - - - Le ciel fera le reſte.

LALLY-TOLENDAL.

www.ingramcontent.com/pod-product-compliance
Ingram Content Group UK Ltd.
Pitfield, Milton Keynes, MK11 3LW, UK
UKHW012032240726
13965UKWH00002B/739